近代中日關係研究 第三輯2

# 近代日本外交與中國

臼井勝美 著
陳鵬仁 編譯

蘭臺出版社

# 目次

# 新版譯序

臼井勝美教授著「近代日本外交與中國」一書，出版以後頗獲學術界好評。惟老友王綱領教授認爲，「凡爾賽・華盛頓體制與日本」這篇論文很重要，建議無論如何應該予以補譯加上去。

我覺得綱領兄的意見很寶貴，我接受他的建議，抽空把它和「太平洋戰爭備忘錄—代序」也翻譯出來，以出新版。

臼井教授還有「中日外交史」（北伐時代）和「中日關係史」（一九一二—一九二六）等很有學術價值的大著。今年適值北伐、統一六十周年，故我把前者譯出，年底將由水牛出版社出單行本。

「中日關係史」，目前我已經翻譯了一半，希望明年能由水牛出版專書。有興趣者，請一併閱讀，並請多多指正。

乘此機會，我仍然要感謝水牛出版社負責人彭誠晃先生幫我出版此書，游淑敏小姐安排一切事宜。

陳鵬仁

七七、十一、廿四

# 譯者的話

本書是日本國立筑波大學教授臼井勝美先生近著「中國をめぐる近代日本の外交」一書的翻譯，加上他另外兩篇論文「幣原外交覺書」，和「田中外交覺書」的譯文所構成。

「中國をめぐる近代日本の外交」一書，本有六篇論文，一篇序，其中第一篇論文「凡爾賽·華盛頓體制與日本」，因爲搞丢了譯稿；序從略，故本書衹收其五篇論文。這是要特別說明的一點。

臼井教授早年工作於日本外務省外交檔案室，對於中日外交文書，極其熟悉，因此其所寫有關中日外交，兩國關係的論文，相當有深度。這些論文，譯於東京，分別發表於「近代中國」、「傳記文學」、「日本研究」和「世界華學季刊」。

陳鵬仁

七五·九·三十　台北

# 一、太平洋戰爭備忘錄（代序）

## 一

每年一到八月的酷暑，就覺得廣島、長崎所受原子彈的創傷有如昨天的事情。不過這種回憶，祇適用於五十代的人，現在算是屬於少數派了。原子彈的慘禍以後出生的，也快四十歲了。有人說，戰爭經驗在風化，但我覺得在這些歲月中風化是應該的。對於日本人很痛切的戰爭經驗，的確在風化。當越南戰爭正在高潮時，悲慘民衆的苦難情況，透過電視影像，在飯廳的人們看來，猶若鄰家的事體。但到底這是影像的世界，祇要把電視關掉或者換別的台，就能夠忘記的世界。我們要知道，日本人的戰爭經驗，比我們所想像的還要風化得快。

經驗風化時，或者名符其實地一切經驗者都已經不在人間時，在傳統上，人類的知慧是依歷史把它再度構成，以傳後世。因此，看起來縱令是極其呆板，歷史實含有一切民族一切世代的生活。歷史學家特別是現代史的專家，一定要把自己走過來的道路，與作爲歷史的現代在某處互相交錯。一個人有時候肯定自己，時或否定自己，要正確地認識時代的潮流是什麼，在這潮流中自己站立在何處，扮演了什麼角色。

一切時代的歷史，都是現代的反映；去掉現代，便不可能有歷史。所以近代史的專家，不能因爲時代比較接近，就說比古代史專家有資格談現代，是即作爲歷史學家，他們的資格是一樣的。談到現代史，它應該從那裡算起，近代與現代的分界在何處，現代史是不是原封不動地與現在連結在一起，凡此都是問題。

自己的經驗客觀地位置於歷史，經驗與風化的同時有歷史化的瞬間。任何人都可能有過既是自己的，但又不是自己的這種瞬間的經驗。因此現代史的起點，亦即「歷史化」的交接處，往往因個人而不同。非常屬於個人的，但又有共通項時，它便可以成爲時代的劃分。聽着時代潮流的聲音，突然聽到聲音的變化，或者潮流打着漩改變方向時，歷史就要告一個段落，並繼續不斷地往新的方向流下去。

現代史之很富有個人因素，可以從對於老年A的現代，對於青年B已經完全歷史化了這個平凡的事實得到說明。雖然如此，對於A和B，可以有從一定的時間開始和終了的具有共識的時代劃分。現在我想從這個問題談起。

## 二

譬如十五年戰爭這個定義，我們來研究研究它的時代劃分。十五年戰爭這個劃分，其名稱在學術界雖然還沒有完全得到肯定，但它指的是，從一九三一年到一九四五年，自九一八事變的爆發以至太平洋戰爭結束，前後十五年的戰爭。據說，這個稱呼是鶴見俊輔取的。他好像是覺得在太平洋戰爭這個名稱之下的中日間的戰爭，才能夠弄清楚日本的戰爭責任，日本走上敗北之路，亦即為着搞清楚戰爭的本質，他才提倡九一八事變以後十五年戰爭這個見解。基本上，我贊成這個見解，但在實際上的時代劃分，把從一九三一年到一九四五年的十五年戰爭合而為一的時代劃分，是否妥當，自是另外一個問題。又，一九四五年這個劃分，亦即將所謂戰後史的出發點，無條件地定於這一年，是否得當，也不無疑問。

首先，我們從一九三一年的問題說起。不錯，一九三一年九月，爆發「滿洲事變」，日本以武力製造「滿洲國」，硬把她從中國分離，這種情況是中日間最嚴重的問題，它無疑地從而成爲一九三七年，中日全面戰爭的一個很大的原因。但我覺得，要把一九三一年以後的戰爭說成清一色，還是有問題。我認爲，成立「滿洲國」以後，到中日全面戰爭之前，有好幾條岔道，選擇其中的一條，而進入了全面的衝突。

一九三三年五月，中日間成立塘沽停戰協定，長城以南的一定地區成爲中立地帶時，九一八事變可以說是已經告了一個段落。爾後中日兩國，撇開東北問題，而摸索着國交的正常化。對於以軍事侵略被奪取其重要領土的中國來講，除非要回東北，跟日本根本不可能有所謂國交正常化。雖是軍事協定，中國政府承認了塘沽停戰協定，事實上成立中立地區，因此把塘沽停戰協定看成九一八事變事實上的結束是可以成立的。所以我認爲，無視或輕視這個協定的意義，以爲自一九三一年到一九三七年，中日間一直有戰爭的十五年戰爭論，實在很難解釋歷史的眞相。

因爲確認「滿洲國」的存在，日本才於一九三三年脫離國際聯盟。但國際聯盟對於日本很明顯的違反盟約，却不能採取任何具體的制裁措施。塘沽停戰協定以後，日本把滿洲問題當做既成事實之外，還有靜觀局勢的餘地。當然，我這樣說並不是要正當合理化九一八事變，而只是指出日本可以有此種選擇這個事實。

但實際上日本所採取的行動却完全相反。一再地以挑撥、脅迫為手段，澈底窮追中國政府的日本的作法，簡直是無法之徒的行動。日本政府不但沒有阻止陸軍軍人脫離常規的行動，甚至於想利用它，作爲與中國取得妥協、讓步，和屈服的資本，這可以說是軍、政府一體的行動，外交官的責任，尤其值得注目。

這個時期的外交官，可以歷任外相、首相、外相的廣田弘毅，和位於政策中樞的外務次官重光葵為代表。廣田和重光，並沒有繼承幣原（喜重郎）外交的傳統。幣原外交的特質是，基本上承認中國為統一的政體，並以此為基礎來推行日本的方策。當時的中國，作爲近代的統一國家，也許具有許多缺陷，但中國國民却擁有統一的志向，並且正在往實現的方向邁進，所以幣原的基本看法是正確的。但三十年代的日本政府，却把中國看成是分裂的過程，而故意以軍事恐嚇來進行分離的工作。

一九三六年十二月的西安事變以後，日本內部，包括陸軍的一部分，開始反省九一八事變以後日本的中國政策是否犯了根本上的錯誤。也許這樣說更正確：中國統一顯著的步伐，迫使日本不得不反省。至此，日本經濟界也開始摸索適應中國統一的新中國政策。

塘沽停戰協定以後中國統一的强化，象徵於一九三五年秋季幣制改革的成功，迨至一九三六年十二月的西安事變，便有更重大的發展。對於中國這樣的變化，如果有人說日本完全不知情，或者說沒有想設法策劃因應的政策，那是錯誤的。是卽連陸軍本身，也有過這種動態。

一九三七年二月所成立林（銑十郎）內閣的佐藤尙武外相，曾經以這種動態爲背景，欲展開其新外交政策。佐藤入閣所提的條件，「堅持國際協調主義，與中國平等的立場，與蘇聯維持和平關係，調整對英外交」等等，就是幣原外交的路線。對日本來講，這確是轉變中國政策的良機，但僅僅在任三個月的他，實在無用武之地。可是於三月十一日，佐藤在衆議院的答辯，曾經這樣寫過：

「眞正的危機，亦卽爆發戰爭這種意義的危機，日本是否面臨着此種危機，我認爲完全在於日本作如何想法。如果日本希望有這種危機，危機隨時會來。反此，日本如果不希望危機，欲避免這種危機，我深信祇要有這個念頭，日本隨時都能夠避免這個危機。」

四個月後由於盧溝橋事變而開始的中日戰爭，是佐藤外相所說「完全在於日本作如何想法」，也就是因爲日本的選擇而發展成爲全面的戰爭。

## 三

如果借用佐藤尙武外相的話，是因日本的想法而發生了中日戰爭。不消說，如果日本不動員，不派兵到大陸，自不會有戰爭。中國在蔣介石的領導下，作全面的抵抗。因爲如果不抵抗，中國將失去作爲獨立國的生存。

東北已經假「滿洲國」之名分離了。很明顯地，日本繼而正在意圖分離華北五省。中國人絕不容許也不能容許令日本使古都北京成爲日本鐵蹄下的「新京」（長春）。日本派一百萬大軍到華北、華中和華南，佔領首都南京，溯長江掌握武漢，進攻華南的要衝廣州，封鎖整個中國的沿岸。一九三七年七月以還，日本依翌年的國家總動員法，進入了戰時體制。卽日本以所有政治、經濟體制，投入了戰爭。中國軍邊抵抗邊後退，迎接了苦難的時期，但中國不但沒有如日本所料地屈服，而且在後方確實掌握了日軍，使日軍陷於泥沼戰爭。

日本與其佔領地政權——汪精衞政權於一九四〇年，簽訂了「日華基本條約」。包括秘密協定，我們如果一窺該基本條約的全貌，我們便可以得知選擇中日戰爭之日本所意圖的是什麼，並且日本很巧妙地貫澈了它。日本欲統治中國的意圖既太露骨，締結基本條約的當事者汪政權又是無力的佔領地的傀儡政權，日本本身最清楚，這個條約不外乎是一幅漫畫。知悉很難收拾中國戰線的參謀總長杉山（元）於一九四一年七月，上奏日皇。中國的戰力和戰意皆衰退，財政、經濟疲憊，在瀕死狀態，「而尚能長期抗戰，乃因為英、美等敵性國家給予營養。亦即英、美在圖重慶的起死回生，因此非壓倒英、美，很難解決中日事變。……所以一定要逮住機會打（英美）」。但在事實上，杉山的根本錯誤是，因為中國抗戰，英美才給予援助，不是因為英美給予援助，中國才抗戰。

從一九四一年四月開始的美日交涉的關鍵是，日軍從中國大陸撤退的問題。交涉到高潮的十月，東條英機陸相在近衛內閣會議的發言，道破了問題的所在，相當重要。他說：

「（從中國的）撤兵問題是心臟。陸軍非常重視這個問題。如果原封不動地接受美國的主張，中日事變的成果將付諸東流。滿洲國將面臨危機，朝鮮的統治會發生問題……如果要回到九一八事變前的小日本，那就沒話說。要以撤兵為招牌，

這是不可以的。撤兵是退退。兵是心臟。該主張應該主張。讓步再讓步

在不必要將其基本的心臟也讓。讓到這種地步，還算外交嗎？這是投降。」

十一月二十六日，美國的最後提案（哈爾備忘錄），要求日軍完全從中國大陸撤退。東條憂慮從大陸撤兵，將使「滿洲國」瀕於危殆，但美國却要求包括從東北的日軍撤退，取消「滿洲國」，亦即要日本回到東條所說九一八事變以前的小日本。哈爾備忘錄之要求取消「滿洲國」，無疑地使日本決心對美國開戰。連考慮着擬有條件地從中國大陸撤兵的近衞，也不可能同意從東北全面撤兵。正如東條所說，這樣做將使朝鮮的統治面臨危機，而統治朝鮮的崩潰，意味着明治以來「大日本帝國」的崩潰。因爲接受美國的要求，將導致體制的崩潰，不可收拾的混亂、和革命。一九四五年，對於革命的危機感（比對敗戰的危機感强），使近衞尋求和平是著名的事實，而在一九四一年，「開戰」是爲維持體制所不可或缺。

換句話說，在一九三七年的選擇，既可以維持體制而又能夠避免戰爭，但於一九四一年，欲維持體制，實唯有開戰之一途，一九三七年與一九四一年最大的不同在此，日本着實走上了蔣介石所說「飲鴆止渴」的道路。

## 四

太平洋戰爭對日本最大的意義是，因爲這個戰爭，日本人初次經驗到戰爭的意義。他們經驗到在明治以後的戰爭中沒有經驗過的，在自己（日本）領土上的戰爭，而且嚐到戰敗的滋味。一九四五年四月，美軍登陸後琉球的戰鬪就是它的典型，同一個時期開始的，B二九對大、中城市毫無差別的地毯轟炸，以及投下原子彈於廣島和長崎，告訴了日本人戰爭是什麼。在近代，日本所經驗的戰鬪是在敵人國土，或者進入第三國領土的戰爭，不是在自己國土上，把國民也拖進去的戰爭。琉球之戰是首次的經驗；受到都市無差別的轟炸，一九四四年十月十日，美國機動部隊對琉球那霸空襲算是第一次，因爲美國波狀轟炸，那霸市的九成市街，當天成爲廢墟。

日本透過西班牙對美國抗議說，對一般老百姓無差別的轟炸，用燒夷彈攻擊是不人道，是違反國際公法。美國政府研究結果認爲，國際公法尚未確立，目前最好不要與日本討論這個問題，因而沒理日本的抗議。從馬利亞那基地起飛的B二九，正式的地毯轟炸始於一九四五年三月九日至十日，實施於首都東京，以淺草、下谷等爲中心，二百八十八架B二九，投下一千六百六十五公噸的燒夷彈，死者將近十萬人。爾後十天，美軍集中轟炸名古屋、大阪和神戶，名符其實地使其淪爲阿鼻叫喚之地。

四月一日，龐大機動部隊完全包圍琉球本島，美軍開始登陸。以後到六月二十三日牛島軍司令官自殺，日軍（陸軍八萬六千，海軍一萬）的抵抗結束，在一千二百二十平方公里的本島，美軍登陸了二十三萬人，五十萬琉球的老幼男女在戰火中逃生，琉球南部有好多村莊是全滅的。不僅受到美日兩軍砲火的威脅，在生死關頭中，非戰鬥員的民衆與自己國家軍隊的相尅等等，琉球戰役令日本人初次認識到戰爭的殘酷和悲慘。

琉球的戰局絕望，B二九對都市轟炸的損失日趨嚴重的六月八日，木戶幸一內大臣開始考慮以保持國體爲條件的媾和。木戶認爲，聯合國的目的是要打倒日本的軍閥，因此他擬以軍閥來負戰爭責任，以便維持以天皇爲首的現行體制。幾乎與木戶構想的同時，格魯美國國務卿曾經向杜魯門總統建議，如予日本以維護其天皇制度的保障，或許能夠早日得到和平的見解。（五月二十八日）美國的領導者雖然沒有採納他的意見，但以維持天皇制度爲骨幹的投降，以及尋求和平的動向，在美日兩國的一部分，幾乎同時逐漸醞釀着。

美國以日本無視了七月二十六日之波茨坦宣言的和平勸告，因而於八月六日在廣島投下原子彈，於是在廣島出現了世界最早原子彈的地獄圖。日本透過瑞士對美國作了如下的嚴重抗議：杜魯門總統雖然說新炸彈祇以破壞軍需設施爲目的，但在空中爆炸的這個炸彈，在技術上不可能限制於杜魯門總統所說的目的，這是杜魯門總統及美國政府應該非常清楚的，因此它爲日本人帶來了人類從未經驗過的，最殘酷的災害。責難原子彈的不人道，呼籲遵守國際公法的日本的抗議，雖然與「勢盛講權益，時非叫道義」同類，但美國行動之不可寬恕，是不言而喻的。

以投下原子彈，和俄國對日宣戰爲轉機，日本於八月十日通告在「不包括要求變更天皇的統治國家大權的了解」之下願意接受波茨坦宣言，對此，中美英蘇四國於十一日回答說：「From the moment of Surrender, the authority of the Emperor and the Japanese Government to rule the state shall be subject to the Supreme Commander of the Allied Powers,……」外務省把 subject to很含糊地譯成「被置於限制之下」是很出名的插曲，而於九月二日，在密蘇里艦上簽字的降書中，sudject to還是譯爲「被置於限制之下」。投降時，日本統治者所最關心的是維持天皇制度，而維持天皇制度，就是維持（天皇）體制。

以美國爲首的聯合國，認爲天皇制度及天皇意識形態是日本侵略性的泉源，意圖排除它，但同時又不躊躇投降、佔領時，利用天皇的影響力。維持天皇制度的問題，在美日兩國各自的政治判斷中，一再地搖擺，而其最後所得到的結論，就是一九四六年元旦日皇的人的宣言。日皇下詔書說：「以天皇爲活神，以日本國民爲比其他民族更優秀的民族，因而具有統治世界的命運」是一種「虛構」的觀念，而親自否定他的神格（神性）。

麥克阿瑟元帥立刻發表非常歡迎日皇新年詔書的聲明。日皇之宣言是人，令一般日本人飽嚐敗北的屈辱和悲慘。當以這個宣言爲伏線，盟軍總部指示主權在民，天皇象徵的新憲法草案時，一般國民都表示同意，但從戰爭末期到被佔領初期，盼望維持天皇制度的人們的感觸是不一樣的。

## 五

一九四五年八月十五日的所謂「終戰紀念日」，是日皇廣播日本投降的日子，也是太平洋戰爭的勝利屬於以中美英蘇爲首之聯合國的日子。就中國而言，是從一九三七年以來對日戰爭終於獲得勝利的日子，對朝鮮來說，是擺脫一九一〇年以來日本殖民地統治的日子。因爲日本的投降，太平洋地區的戰火熄滅，軍人和一般民衆都從徒勞之死得到解放。這的確是值得紀念的恢復和平的日子。但就日本來講，太平洋戰爭並沒有結束，以這個日子爲界，日本進入了戰爭的第二個階段，亦即被佔領的時期。

八月三十日，盟軍最高統帥麥克阿瑟降落厚木機場，兩個軍、十四個師共計三十九萬美軍進駐日本國土，完全佔領了日本。九月六日，聯合國給麥克阿瑟的訓令是：「天皇及日本政府統治國家的權限，隸屬（subordinate to）於聯合國最高統帥的貴官……我們與日本的關係，不是站在契約的基礎上面，而是以無條件投降爲基礎。貴官的權限是最高的，因此在這個範圍內，貴官不接受日方任何的異議。」美軍於九月十一日，逕予逮捕東條英機陸軍上將，島田繁太郎海軍上將，並命令逮捕和引渡東條內閣的閣員。

在另一方面，政治犯四百三十九人，保護觀察處分者二千零二十六人，和預防拘禁中的十七人獲得釋放，同時保障對於天皇、國體和政府作無限制討論的自由。免職全體特高警察人員，廢止治安維持法等，盟軍總部對日本民主化迅速的推進，令久處於軍國體制的日本人覺得很新奇。十月五日撰述者不明的政府資料，很明確地記述了局勢的變遷。首先它說，美國對日處理方針的目的是統治日本，保證日本不再成爲美國的威脅，威脅世界的和平與安全，對於推行民主化路線，它認爲「樹立合乎民主主義自治原則之政府的目的是，一方面出於理想主義的考慮，另方面乃基於依民主主義自治的政府或者統治形式，比獨裁政府或者統治形式，在本質上和平這個事實以及分割統治的意圖這種實際利益上的考慮」而來。

麥克阿瑟於一九四八年三月一日，對於來日本的美國國務院政策企畫局局長肯南（佐治．F）說明了佔領、統治日本的重要性，並說世界史上唯有凱撒的事蹟才可以與之比擬。其爲誇大妄想之語暫且不談，盟軍總部權限之大，只要看看兩年後創設警備預備隊的經緯，我們就可明白。

一九五〇年六月，爆發韓戰，七月八日，麥克阿瑟命令吉田茂首相創建七萬五千的警察預備隊（National Police Reserve），和增加海上保安廳八千人。盟軍總部指示岡崎（勝男）官房長官說，預備隊的創設應依波茨坦政令實施，同時招來並面告社會黨的淺沼稻次郎書記長和國民民主黨的苫米地義三最高委員，預備隊的創設是根據政令而行，國會對這件事沒有審議的權限。十月，海上保安廳的二十艘掃海艇奉盟軍命令出動朝鮮戰線，在元山等港口從事排除機雷的工作，且有人死亡。担任相當於美軍四個師的警察預備隊的創建和訓練的科瓦斯基（Frank Kowalski Jr.）上校這樣寫着：「要合理化完全無視憲法的禁止事項和一九四六年的國會紀錄的這個預備隊和軍備，畢竟是一種詭辯。……事關美國方面，沒有一個人稍留意日本國憲法者。」（傍點係作者所附）。這可以說是軍事佔領下日本憲法、議會、政府虛擬的側面的證言。

我認爲，要如何評價和定位美國佔領統治下日本的政治體制，實在需要重新檢討，檢討時，必須與美國佔領和管制琉球的體制作比較和對照。在琉球還給日本以前（但我國認爲琉球是中國的領土—譯者）有過怎樣的統治，探求其眞相，然後再分析日本被佔領時期，也許會有不同的看法。

前面我提到十五年戰爭論，認爲以一九三一年爲開端有疑問，我覺得戰爭的開始，還是以爆發中日戰爭的一九三七年爲比較妥當，同時認爲，以一九四五年爲十五年戰爭的結束，並以它爲戰後史的起點也有疑問。戰爭從中日戰爭連結到太平洋戰爭，而太平洋戰爭這個概念如果能夠成立的話，這個戰爭可以分成戰爭期和佔領期的兩個階段，因此，我以爲一九四五年八月應該是從戰爭期到佔領期的轉變期，而不是太平洋戰爭的結束期。太平洋戰爭的結束，與俄日戰爭簽訂樸茨茅斯媾和條約才結束一樣，也要等到一九五一年舊金山和約和美日安全保障條約（這兩個條約是不能分開的）的締結。

舊金山和約第二條、第三條有關領土的規定（承認朝鮮獨立，放棄台灣、千島、南庫頁島、南西群島等），以及安保條約第一條、第二條（美軍在日本國內的配備，承認其對於內亂、騷擾的出動，不對第三國提供基地）等，是一九四一年以來太平洋戰爭的完結。所以如果要稱爲十五年戰爭，我認爲一九三七年至一九五一年，比一九三一年到一九四五年，來得更爲恰當。不過我並不覺得以數字來表示戰爭具有特別的意義，因此我祇倡說太平洋戰爭的期間應該算是自一九四一年至一九五一年。日本的戰後史，如果從國際的觀點來看的話，應當自一九五一年九月，或者一九五二年四月，舊金山和約和安保條約的簽訂、生效算起。

大熊信行曾經就太平洋戰爭結束於何時，和日本的民主主義開始於何日說，太平洋戰爭不是結束於一九四五年八月十五日，而是一九五二年四月二十九日，日本的民主主義不是始於盟軍的軍事佔領，而是開始於明治維新，一九五二年舊金山和約生效後，重新開始。（一九六四年四月九日—十一日「朝日新聞」）他認爲，軍事佔領是戰爭的繼續，是民主主義的對極。這是值得我們研究的見解。

## 六

最近，我有機會研究舊金山和約以後日本外交的演變，結果我覺得以一九六〇年修改安保條約爲界，日本的確逐漸地有走向軍事國家的傾向。一旦水閘破裂，恐怕將滔滔不知停留。其水閘雖尚未破裂，但濁流已相當浸透進來了。

唯現代的戰爭，並非少數「領導者」所能進行，沒有國民的支持，是無從從事戰爭的。但國民的支持，不是一朝一夕所可得，必須有各種各樣的累積。濁流雖然已經在浸透，但我非常盼望距水閘的破裂還有一段時間。

一開頭我就說，戰爭的經驗已經在風化，並提到歷史學家的任務。作爲已變成少數派的戰爭經驗者，又希望太平洋戰爭成爲日本最後一次的戰爭經驗，我的研究亦與它有關係，所以現在我特別思索應該作什麼。我覺得我該做的不是審判戰爭，而是詳詳細細地紀錄進入戰爭的經過，繼續不斷地告戒自己：任何細小的事實都會連結到整體，絕不能疏忽和遺漏。而要做到這一點，的確非常困難。

# 二、凡爾賽・華盛頓體制與日本

## 威爾遜的十四條與日本

美國總統威爾遜，於一九一八年一月，以大戰後世界和平爲基礎所提倡的十四條，亦即提倡廢止秘密外交、海上交通的自由、撤除經濟上的障壁、裁軍、組織國際聯盟等等，曾予苦惱於戰爭慘禍的人心以清新的希望，現在，我們來看看對於威爾遜的提倡，日本的領導者究竟有過怎樣的反應。

寺內內閣（一九一六年十月—一九一八年九月）的內務大臣後藤新平（一八五七—一九二九），寫給寺內首相的書信就美國戰後的構想表示意見說，它是「所謂道義的侵略主義，換言之，不外乎是披公義人道外衣的僞善的一大怪物」（註一）。根據後藤的說法，德國的軍國主義和美國的民本主義，畢竟是異名同物而已。沒多久，後藤轉任外務大臣（一九一八年四月），所以他的見解值得注目。

相反地，由該年九月取代寺內內閣的原敬（一八五六－一九二一）政友會內閣，任命為巴黎媾和會議全權代表之一的牧野伸顯（一八六一－一九四九）却以威爾遜的提議具有很大的政治意義，日本應該積極地予以配合。牧野認為，現今，外交有新舊兩種方式。玩弄權謀術數，以侵害他國的舊式外交這個方式，因為德國的敗北而「壽終正寢」。現在的新式外交「以公明正大為主旨，尊重正義人道」，「今日是舊式外交已經失敗，新式外交完全制勝的時代。」牧野更認為，從前的「我國外交有表裏，有權謀術數，時以威壓，這是無法掩蓋和否認的事實。」（註二）換句話說，以往日本的外交，是有許多權謀術數和恫喝的舊式外交，與為歐洲列國所厭惡的德國外交可以倫比。牧野的這個意見是於一九一八年十二月八日，在首相官邸所召開外交調查會席上所發表者，它跟後藤新平以美國的意圖為偽善的，只是把德國的侵略主義以道義予以裝飾者而已這種見解，有很大的不同。

當天的外交調查會，由於被牧野批評為權謀和恫喝的舊式外交的前首相寺內正毅（一八五二－一九一九）也出席了，因此也予以反駁。寺內要求發言並說：「牧野男爵認為以前的外交是不信不義，但牧野男爵和內田子爵應該自覺，他們也是這個所謂不信不義的外交的一份子。」（註三）寺內為其內閣辯解而批評牧野說，其一切外交都是與牧野也是為其一份子的外交調查會協議後實施的，縱令有些不周到，斷無不信不義之行為。寺內認為原內閣的外相內田康哉（一八六五－一九三六），牧野也曾以外務大臣（山本內閣）身分參與過日本的「舊式外交」，所以不能以單純的批評者出現。

原內閣檢討了即將召開的巴黎媾和會議，特別是可能決定這個會議之方向的威爾遜十四條的方針。牧野的意見發表於原內閣第五次外交調查會，而在這以前一九一八年十一月十三日第二次調查會時，內田外相對十四條提出意見案，請求委員們審議。對於第一條廢止秘密外交，它說「帝國政府在主義上贊成」，但同時認為，秘密條約如果不侵犯第三國權益，亦不違背國際信義者，則不必公開，原則上贊成做若干的保留。這種態度，對於其他條文也是一樣。亦即原內閣對於媾和會議的基本方針是，做若干保留後在原則上贊成，如果各國的大勢很明顯地都擁護威爾遜提案的話，也不必堅持保留的態度，以避免孤立。譬如說，對於裁軍問題，「帝國政府的立場是，認為太受其限制的拘束並非上策，但帝國代表要避免有反對和平與人道主義的態度，順應會議的大勢。」對於國際聯盟，以為聯盟的誕生對日本可能不利，故要致力於延長其創立，但如果非成立不可時，日本要避免孤立於聯盟之外，而要在適當的保障下參加。

原內閣方針的特色是，不公開反對威爾遜的提倡，但在實際作法上是要躊躇逡巡。這說明了日本的外交在事實上，正如牧野所說，具有很不容易從舊式外交轉變到新式外交的羈絆。

但原內閣躊躇逡巡的方針，在外交調查會還是遭遇到抨擊。對於原則上贊成廢止秘密外交的方針，伊東巳代治（一八五七—一九三四）委員主張說：「關於秘密外交，帝國尤其對美國總統的提議，是否有資格毫無忌憚地大言壯語，實不無疑問，故我認為在其開頭所說『廢止秘密外交，帝國政府在主義上贊成』這句話不是妥當，它在起草趣旨上雖無問題，但這句話一定要刪掉才好」，牧野全權代表也以「所論極有道理，本席完全同感，因此贊成刪除」，結果其方針中的這句訓令終於刪掉了。（註四）

伊東委員以為，對於十四條，列國不會太認眞，他對於威爾遜提案實現的可能性抱有疑問，因此在外交調查會席上常常發表反面的意見。例如對於國際聯盟，他說「這樣絕大無邊的主義，縱令是理想高遠，但是否能夠實現」（註五）不能予以輕信；對於海洋自由，他說不要為美國和平人道主義眩目，而疏忽日本的國防，日本應該警戒其隱藏的意圖。要之，原內閣對媾和會議的方針，除山東問題等一定要貫徹要求外，一般來說，乃是不很積極的大勢順應主義。

對於威爾遜十四條最後一個項目的國際聯盟組織，原內閣在一九一八年十二月九日，給牧野巴黎和會全權代表的訓令中，要其儘量採取使它不成爲具體的案，令其作爲各國今後檢討的課題的消極態度。理由是，「在國際間種族的偏見，尙未完全消除的今日。」「事實上對帝國可能導致重大的不利。」這裡指出所謂種族的偏見，並主張要排除它的直接理由是，在海外特別是美國和英國自治領排斥日本移民的問題。移民衆多的和歌山縣立憲政友會支部給牧野全權的建議（十二月八日），充分說明了這一點。

「男爵閣下：我國國民年年增加六十萬人以上，要以這狹小的我國領土收容，使國民生活得到安定，實不可能，因此非尋求海外他國土地，以圖民族的發展不可。但適合我開闢和發展的美國和英國領土，幾年來不僅開始排斥日本人，而且嚴厲拒絕我前往移民，譬如美國，則無視美日通商條約的正確條文，一再地蹂躪我國人的權利和特權……排斥我國人，在基本上沒有任何正當的根據和理由，而基於種族的偏見，以憎惡排斥爲能事，今日如果不正其非義，不革其非道，我民族

發展海外的前途不但極其暗澹，遠東的小天地，終非我大和民族所能永住。」（註六）

當時日本政府的見解是，要成立以歐、美列强爲核心的國際組織時，必須就廢止種族差別以明文做原則上的保障。無需說，廢除種族差別的提議，在日本國內獲得了一致的支持。一九一九年二月五日，召開於築地精養軒的促成廢止種族差別大會，包括政友會、憲政會、國民黨籍政治家，出席了三百多人，決議希望巴黎和會能夠廢除國際間的種族差別待遇，並建議內田外相和出席和會的列國首腦。它主張說，種族的差別待遇，非但違背自由平等的大義，而且將是國際紛爭的禍根，「如果讓它繼續存在下去，就是有千百的盟約，也無異是沙上的樓閣。」（註七）尤其值得注目的是，三十位的實行委員，除政黨代表外，絕大多數是右翼的壯士。這些人是以頭山滿爲首，浪人會的田中舍身、大日本社的滿川龜太郎、黑龍會的葛生能久、全亞細亞會的大川周明和在鄉陸軍代表佐藤鋼次郎等等。這意味着它所據於主張的觀點是，廢除種族的差別不是廢除人的差別，而是廢除國家的差別。

意圖把廢除種族差別原則揷入國際聯盟盟約的日本的提議，在巴黎遇到想像以外的抗拒。尤其是英國自治領的代表，澈底反對，一點也不肯妥協。眼看日本的提案很難實現的促成廢止種族差別同盟會，便鞭撻政府說，如果因爲美、英的反對而廢除差別受到挫折時，日本政府應該考慮不參加國際聯盟。在巴黎，日方爲着尋求妥協，於一九一九年三月二十五日，牧野、珍田兩位全權代表，曾經與加拿大、紐西蘭、澳洲等英國自治領的首相會談，並請其了解。自治領的首腦們說，日本的主張他們可以了解，但產生適用的問題時，不能限於日本人，它將包括中國人和印度人，因此除非變更"Equality"這個字，不能接受。日方認爲，如果刪除「平等」，其提案就毫無意義，日本國內的輿論也不干休而予以拒絕，繼而加拿大提出「國家間的平等和各國民公正的待遇」的妥協案。但對這個妥協案，澳洲的首相休斯竟不屑一顧而表示：「要之問題不在本提案的措辭行文，而在其背後的思想本身，對這百分之九十五的澳洲人是反對的。」（註八）說罷起立就走的強硬態度。

日本有關廢除種族差別的企圖挫折結果，令一位很有地位的軍人（陸軍大學校長宇垣一成）具有如下的感想：「……欲維持依種族實行不平等待遇，或在狹窄的地方令其住太多人這種世界現狀的美英的想法，實在既任性又不公平。如果硬要永遠維持這種和

平，一部分種族將永處於奴隸的境遇，某國國民勢將窒息而後已，這是他們所謂的正義和人道。」（註九）

大學畢業沒多久的近衛文麿（一八九一—一九四五），也以隨員身份參加了媾和會議，他失望於會議以强國爲本位來運作，他認爲他在前一年年底發表於「日本及日本人」雜誌的「排斥英美本位的和平主義」這篇論文所說「獨佔巨大的資本和豐富的天然資源，刀双不染血地壓制他國國民的自由發展，以利自己的經濟帝國主義。」仍然是這個媾和會議的基礎。（註一〇）

如果廢除種族差別問題的失敗，令日本重新認識先進諸國維持現狀方式的强有力，並使其覺得需要打破此種維持現狀的體制，相反地，有關設立國際勞工機構的一連串經過，則使日本自認其爲後進國家，並主張承認後進國家的現實。就日本來說，在媾和條約之中要列入保護勞工的一節，是非常特別的事情。但在巴黎的日本代表，却逐漸認識了以爲着完成戰爭勞工的合作爲不可或缺之要素的列國政府，在處理戰後事務時不能輕視勞工之要求的情況。隨國際勞工機構的輪廓日明，與日本具有很深利害關係者有以下兩點：①對於在國際勞工會議，以三分之二以上多數決定的事項，各國具有以在其相當機關批准爲條件實行的義務；②將來要協定的標準原則將爲，一天八小時勞動制，一週休假一日制，禁止年幼者勞動，定最低工資等等。如果實施這些項目，日本代表認爲，「比較幼稚的我國工業，將受到很大打擊，經濟上不但會引起變動，勞工本身反而會蒙受不利。」（註一一）

以三分之二的多數決成立保護勞工的立法時，如治安警察法第十七條所象徵，在沒有勞工法的日本勞動情況下，實在無法批准，如果一直拒絕批准，不特將導致國際上的不信任，在國內的勞工對策上也將發生問題。面對日本代表的困境，英國代表棒玆（J. F. Byrnes）遂對牧野全權提議說，可否專設一條：「一定期間內，在特殊情況下的工業國家，得免除即時實行勞工規約。」譬如予像日本這種國家以十年的緩行時間。但日方以爲，十年日本仍然很難擠身於先進國家，因此也沒有接受這個提案。結果，加上成立條約時將考慮各國氣候、產業組織十分發達等特殊情況等的一章，解決了這個問題（四百零五條）。又條約第四百二十七條：「締約國認爲，氣候、習慣、風俗、經濟上機會及產業上因襲的不同，也是難於畫一和迅速實現勞動條件的因素」，也是來自同樣的趣旨。

要不要承認日本特殊情況的問題，自一九一九年十月二十九日，在召開於華盛頓的第一次國際勞工會議，則已成爲討論的對象。在日本國內，因爲選舉出席該項會議的勞工代表而發生糾紛，友愛會鈴木文治等提出否認勞方代表桝本卯平資格的抗議，曾經轟動一時。桝本的資格最後雖然獲得了承認，但在會議席上，對於一週四十八小時制，日本是否也要跟中國、暹羅一樣，得到特殊情況的考慮，成爲論爭的問題。換句話說，因爲構成理事會的主要工業國家日本，表示希望屬於緩和或者免除適用勞動條約的範圍。

這種矛盾，充分反映了日本勞工狀況的不正常。日本的政府代表岡實等所舉出日本應該算是條約上具有特殊情況之國家的理由有好幾項。它說日本的「工業規模小，勞工不習慣於密集的和有組織的勞動，資方亦不懂得科學管理，工人的規律及其對勞動的注意的集中，在各項工業，都沒達到歐美的程度。」「夏天的苦熱，梅雨季的濕氣，影響員工的身體和生產的高低，從而降低生產效率。」

反此，勞工代表代理武藤七郎反駁說，日本的勞工從早晨到深夜，不規律地勞動是封建的餘習，以不熟練、不規律等爲前提而希望容許適用長時間勞動的特殊國家待遇是不應該的。在十一月二十七日的大會，桝本代表主張說，八大工業國之一的日本被指定

爲特殊情況的國家是不合理的，但最後日本之被認爲特殊國家，還是獲得通過。（註一二）

在獲得殖民地和勢力範圍方面要與先進國家並駕齊驅，並激烈批判列强的維持現狀體制，但在有關改善國內勞工狀態方面，却主張要得到與殖民地同樣特殊待遇的日本的立場，無論如何是一個具有特別體制的國家。

## 裁軍的對立

歐美各國勞工在政治上之很有力量，使參加巴黎和會的日本代表驚奇，同時令其痛感日本政府對勞工問題的方針必須有所變更。媾和全權回國報告書强調說：「勞工的不平不滿到處潛在，如果這樣下去，可能有一天會以某種方式爆發，……今日，對於勞工，在相當範圍內要接受其主張，爲保護其利益，應採取適當的手段。」（註一三）但在另一方面，也有人主張，要把日本國內階級鬪爭的激化，連結於或者轉變爲國際間不平等的關係。而把日本當做國際世界的無產階級，英國爲大富翁，以爲「容許國內無產階級的鬪爭，但以國際無產者的戰爭爲侵略主義、軍國主義，是歐美社會主義者根本思想的自我矛盾。」（註一四）便是其典型的一個例子。

這是一九一九年夏天，北一輝（一八八三—一九三七）在上海所寫「日本改造法案大綱」的一段，而陸軍中將宇垣一成（一八六八—一九五六）在一九二〇年的日記也這樣說：「在世界列國內，現今無產勞工階級對官僚和資本家階級，標榜打破階級、平等戰鬪着。但在國外，却成立國際聯盟，意圖維持現狀，强迫人們接受强大國的專制和弱小國的服從。在聯盟會議和理事會等組織，大小國的階級，强弱國的差等，並沒有廢除。國家間的階級仍然存在，（他們）絕不平等，打破國內階級、平等如果是眞理，國際間也應該是如此。」（註一五）這也是同樣的想法。

此種想法，當然會達到這樣的結論：作爲國際間的無產者，要打破維持現狀體制，必須建立强大的軍事力量。一九二〇年，原內閣給予國際聯盟第一次大會的代表有關裁軍的方針是，强調日本的軍備完全是爲了自衞，像美國這樣的大國沒有參加國際聯盟的今日，聯盟要討論裁軍，時機尙早。在這個訓令裡，日本政府指示說，陸海軍最低限度的必需兵力，爲國家的安全，陸軍平時需要大約四十萬，但以三十二萬爲讓步的最低限度；海軍需要進水後八年以內的主力艦二十四艘和輔助部隊，但以主力艦十六艘爲讓步的限度。（註一六）其最低限度，就是陸海軍擴張軍備的目標數字。

美國巨大的造艦計劃，以及日本的八八艦隊（譯註一）計劃，太平洋兩岸美日兩國的造艦競爭，勢將激烈化，但日本外務省却有人認爲，以日本的經濟能力，絕不能與美英先進國家比武。日本駐美大使館一等書記官廣田弘毅（一八七六－一九四八），於一九二〇年（推測）認爲，此時日本自動向美英提議裁軍，以求得海軍兵力的均衡爲有利。廣田的意思是說，如果錯過機會，美英兩國很可能聯袂壓制日本裁軍，此時「這兩國如果對日本定購武器和軍艦附帶條件，或者限制供應其所需材料，無論我國有再多的軍費，也無法實現預期的計劃，在此種狀況之下，將不得不縮減軍備，自出洋相。」（註一七）因而廣田主張，不如日本自動提議裁軍，以恢復戰後衰微的經濟機能。

縮小陸海軍的軍備，以減輕國民的經濟負担這種裁軍論，在政界，則爲尾崎行雄（一八五八－一九五四）（無黨派）等極力所主張。尾崎於一九二〇年二月十日，第四十四屆國會，提出一、帝國海軍軍備，應與英美兩國協定，予以限制；二、陸軍軍備，應基於國際聯盟盟約，予以整理緊縮的裁軍決議案。就其提案的理由，尾崎說明道：在參加國際聯盟的國家之中，正在擴張海軍的，「全世界恐怕祇有我帝國一個」，他並指斥說，在十五億五千萬元國家預算中，陸海軍軍備費為七億六千萬元，佔四八・七%，而文教預算則不到六千萬元。尾崎說，美國海軍及其教育費，都是十三億元。但投票結果是，反對者二百八十五票，贊成者三十八票，裁軍決議案被否決。贊成的是以犬養毅（一八五五－一九三二）為首的立憲國民黨，該黨的鈴木梅四郎（一八六二－一九四〇）於二月十二日，在衆議院請求改編預算的說明時，批評偏重軍費，爾後說：

「從世界各方面，尤其是由有色種族寄予絕大希望的帝國，擁有這樣偏武的財政計劃，已使我國步非常困難。今日，從世界各方面發生排日運動，其理由是，日本為軍國主義，第二個德國，他們經常這樣聲明，……。」（「大日本帝國議會誌」）（註一八）

東京商業會議所也建議裁軍，但原首相以商業會議所的建議完全是書生論，而沒理會。（註一九）正如尾崎在裁軍決議案的提案理由裡所說，美國的新總統上任以後，一定會提議裁軍，原內閣也可能接受，而事實上，哈定總統就任後，休士國務卿便於一九二一年七月，非正式地向英國、日本等列國提議，擬召開限制軍備和討論太平洋問題的會議。日本有識之士當中，有人担心和警戒要同時討論裁軍和太平洋問題的美國的用意。宇垣中將認爲，應該抨擊美國總統的暴慢無禮，並暴露其僞善；歌人島木赤彥（一八七六－一九二六）道「美國人邊造軍艦邊說大話之空虛。」（註二〇）更有主張以黃金爲子彈的資本的侵略主義，比軍國主義更威脅人類的生存和迫害的外交評論家（半澤玉城）（註二一）關於對美國提議逐漸提高警戒心的輿論，原首相於七月十八日對澁澤榮一男爵說：「目前社會上有人以爲此次會議很困難，說是危急存亡之秋，幾乎出現狼狽不堪的情況，但我覺得實在太缺欠冷靜，這對國家面子既不妙，事情也不是那麼重大，值得張慌失措。」而令冷靜準備迎接華盛頓會議的原首相極端困惑的是，在裁軍會議的前夕，一兵也不許削減的陸軍的態度。

在陸軍，一九二一年八月，以次官的尾野實信中將爲委員長，組織太平洋問題研究委員會，以菊池愼之助參謀次長、菅野尚一軍務局長、金谷範三參謀本部第一部長等爲中心，以審議陸軍對裁軍會議的方針。山梨半造陸相於十月一日，給予參加華盛頓會議陸軍代表田中國重少將（參謀本部第二部長）的訓令，指示放棄以往常備兵力預定四十萬，而以三十二萬最低限贊成限武協定。但不得已時，三十二萬兵力可以減少若干，但決不能低於二十九萬六千。亦卽希望比現有兵力擴張將近二萬爲最低限度。

陸軍航空兵力（譯註二），要求確保飛機大約一千七百架，人員大約二萬五千，這比當時大約七百五十架，總人員大約一千八百看來，是非常很大規模的擴張。對於爲什麼絕對不能贊成事實上的裁軍，陸軍舉出了幾個理由。需要維持朝鮮、台灣等殖民地的秩序，與政情極其不安定的俄國、中國接壤，而且俄國擁有龐大的軍備等等，同時强調，「如帝國工業力尚爲薄弱，缺乏資源的國家，經常需要以特別措施，以準備國防。」我國必須要跟「在工業力上爲世界之霸，在資源上得天與之寵」的英國和美國，不同的基礎上充實國防。

原內閣任命海軍大臣加藤友三郎、貴族院議長德川家達、駐美大使幣原喜重郎爲華府會議的全權代表，加藤全權等到達華盛頓兩天後的十一月四日，原首相在東京車站被暗殺。

十一月十二日，華府會議一開幕，美國國務卿休士便具體地提議包括廢棄現有主力艦的海軍裁軍案，令列國大爲驚愕。在十五日的第二次大會，繼英國巴法全權之後，加藤全權演講說，日本欣然同意休士的提案，日本海軍願意大幅度裁減，而得到全場的喝采。目睹列國熱烈贊成裁軍的田中陸軍代表，遂躊躇提出擬擴張陸軍軍備案。海軍既然接受美國的裁減案，陸軍如反其大勢，提出擬增加兩萬多兵力的案，將使陸軍的立場陷於困難，因此田中遂以電報請示（十一月十八日）參謀總長上原勇作，是否乾脆一開始就主張維持現有兵力。（註二四）

陸軍的裁減案，因為法國也反對，故沒有成功；海軍，由於日本不願意負會議決裂的責任，接受對美國六成的提議，因而成立了劃時代的海軍裁減條約。

與此同時，在太平洋、中國問題方面，成立了結束英日同盟、九國公約、歸還山東條約等成為遠東新體制之基礎的諸條約和決議。若是，對於華府會議的經過和結果，陸海軍代表究竟作怎樣的看法呢？田中陸軍少將報告會議的情勢說：「盎格魯撒克遜之掌握霸權，一步一步地成為現實，很明白，英美兩國採取一致步調，策畫掣肘日本在遠東積極發展。」（註二五）海軍代表加藤寬治中將日後回憶說：「無需再說在華府會議，美國成功，我國失敗，……現在回憶起來，不勝悔恨，小官當時鑒於重責，萬死尚感不足。」（註二六）兩者都認為華府會議是對日本的壓迫，和日本的敗北。

華府會議當時的陸相是山梨半造，而山梨也是實力支配國際的信徒。他說：「力量本身雖然不是正義，但沒有力量為其後盾的正義是毫無價值的。因此，國家必須儲備足以時常能夠貫徹國民正義的實力。……強盛的國家享有高度的自由，劣弱的國家絕少得到正義和自由的保障。……我們必須離開一切的空理空論，使日本帝國強盛。」（註二七）山梨認爲，日本在世界的國力不外乎是國防力量。立於這種世界觀，在原則上他當然要反對裁軍。

原敬去世以後，由高橋是清（一八五四—一九三六）政友會總裁組織新內閣，而根據法制局長官橫田千之助的說法，在當時，高橋是最富有「理想」的政治家。現在我們來看看原敬或者高橋政友會總裁對華府會議前後對外方針的輪廓。

原敬於華府會議前一個月的九月號「外交時報」（雜誌）發表了一篇題名「永久和平的先決考案（當華盛頓會議述日本國民的世界觀）」的論文。在這篇論文裡他說：「今後，有識之士就解決國內的勞資問題，和如何緩和世界現有民族生活的不平均，應該多事費心和作更大的努力」，對於擁有衆多人口和缺乏物資，生活受到威脅的日本民族所需要的是，廢除經濟上和人爲上的現有障壁，以調和差別的不平均。

原敬引述J・O・P・布蘭特發表於「倫敦泰晤士報」的日本論，以爲日本的發展方向在於中國大陸。布蘭特以人口過剩，受到先進國家經濟上壓迫，又被排斥移民的日本，要向抵抗力最小的中國大陸求發展是理所當然的，這不僅不是爲領土欲所驅入侵外國，而且我們應該理解爲求生存而發展之日本的立場，同時暗示，滿蒙可能與朝鮮同其命運。原敬非常贊揚作爲一個外國人的布蘭特的見解。

高橋總裁的看法，也與原敬大同小異。日本對外政策的目標是，希望因開放世界的門戶，而能解決國民生活之基本條件的人口和原料這兩個問題。事實上，日本的具體急務是，從地理環境來說，是「中國、俄國及太平洋」一般的開放。對於中國，日本提供資本和技術，中國供應其豐富的天然資源，兩國互相經濟合作，實現共存共榮，「人口問題和原料問題當可以大爲緩和。」

對於蘇俄，高橋說：「這個廣大豐沃的天地，具有遲早將爲各國開發的命運，我相信，任何人都知道俄國人自己無從充分發揮其收益。」（註二八）把正式承認蘇俄（政府），當作實現開放蘇俄的手段，對日本來說，西伯利亞很是重要。原、高橋兩位政友會總裁的對外方策所共同的是，日本的發展方向是中國或者西伯利亞，以尋求人口和原料問題的直接解決。

要把日本過剩的人口遷移到中國，尤其是滿蒙乃是日本民族當然的要求這種想法，雖然有程度上的不同，但自前述的北一輝以至原、高橋都有。對於此種想法，在華盛頓會議之前，吉野作造（一八七八－一九三三）提出了疑問。他表示：「如果日本永遠要以農業立國，自當別論，假若要以工業立國，日本的國土，目前的人口自不必說，自可容納最近未來所將要增加的一切人口而有餘。」（註二九）因而主張，解決人口問題，實以改革國內的經濟體制為前提。

## 立於轉捩點的外交政策

繼承原內閣之高橋政友會內閣的外相，仍然是內田康哉，他在第四十五屆國會（一九二二年一月）說：「無可諱言地，現代世界的大勢是，各國都摒棄排他的利己主義，為正道與和平努力於達成國際的協調」，而日本應走的道路，捨此方針莫屬，因此主張遵守國際協調主義。高橋內閣，經過大約七個月，因為內爭而提出總辭職，並由華府會議全權，海軍大臣加藤友三郎（一八六一－一九二三）於一九二二年六月，組織新內閣。內田還是留任外務大臣，因此加藤內閣的對外方針，自應繼續華府會議的國際協調。加藤首相於六月十五日發表聲明說，新內閣的外交方針，「將根據國際聯盟盟約、華府會議條約及決議的規定與精神，與各國合作，增進列國間的友好，逐步實現裁軍。」表明將繼續協調政策。自一九一八年成立原內閣以來，內田任外相已經有年，一般稱它為協調外交，但也有很多人因其一再對歐美讓步而稱其為卑鄙外交。對於强調尊重國際聯盟、華府會議精神的方針，雖然還不是很明顯，事實上也有一部分人希望打破現狀。

而象徵這種趨勢的，可以說是於一九二三年二月十九日，在貴族院很例外地通過了有關革新外交的決議這件事。由近衞文麿等所提出的這個決議案：「貴族院鑒於帝國在國際政局的地位與責任之重大，以經濟生存的意義，認為確立外交政策，鞏固東洋和平的基礎為迫切的要務。」它雖然說得很抽象，但其目的則在意圖確立自主的外交。貴族院議員船越光之丞（男爵）解釋決議的意思說，日本近年來的外交，令人非常遺憾，如果任令其這樣下去，前途堪憂，「和平協調固然為人人所希望，但世界的國際政局並非照這個理想在運作。自海牙的和平會議和凡爾賽條約以還，我們所經驗的仍然是各國民的優越欲望，貫徹國民的主張，所以我們不能太過於相信紙上的和平與國際間的口號，以自卑保守為事。」（註三〇）船越强調，世界的廣大地區為少數民族所支配，物資和原料的分配極其不公平。

而爲對於協調外交或者「自卑保守」外交，提供爆發不滿最好的藉口是，美國的排斥日本人移民問題。從日本人移民的差別待遇發展到禁止入國的這個問題，非常刺激日本國內的輿論，並與國恥意識連結在一起，而橫行反美論調。當時的代表論者之一的水野廣德（一八七五—一九四五）說得好：憎恨美國的排日，主張種族的平等，當時沒有什麼不好，但在這以前，日本（政府）應該給予國民以參政權，實行人的平等。他說道：「從我國想移民到美國的大部分勞工，在日本算是沒有參政資格的野蠻人。但美國公民都具有選舉權（參政權）。對於連在本國都沒有參政權的劣等人，要求外國給他們以公民權和參政權，實在太沒有道理。」（註三一）

但政府和輿論對於移民問題的態度，與其說是改善移民本身的情況，毋寧說是以排斥日本人對國家體面的恥辱感，亦即不是人，而是以對國家差別待遇的國恥意識爲中心。清浦奎吾內閣（一九二四年一月成立）的時候，埴原正直駐美大使於一九二四年四月十日，因給休士國務卿的抗議文說，如果通過排日法案，「將導致重大的結果」，刺激了美國國會，引起很大的反感時，清浦首相對外國記者發表談話說明：「我們的要求，只是欲保持體面而已。」（註三二）換句話說，日本對排斥移民問題的抗議，完全是爲了保持國家的面子和自尊心。帝國在鄉軍人會東京市內聯合會給全國在鄉軍人的檄文說：「如果以實際利益的大小來衡量，或可以忍耐，但對國家國民的體面爲害這樣大，怎麼能夠不悲憤慷慨。」（註三三）也很重視國家體面受到污衊。

隨接近將要實施新移民法的七月一日，排美意識，更是高漲。六月五日，在國技館，召開了由浪人、有志之士主辦的對美國民大會，盛況非常。以聽衆身分前往參加的高木八尺（一八八九—）東京大學副教授說：「聽一個一個的演講，我心裡覺得很沉重。我突然聽到坐在傍邊的青年大聲喊叫『宣戰好了』，不久我邊聽着肩掛紅布條的青年要人家捐獻所謂『膺懲歐美愛國義金』的聲音，邊離開了會場。」（註三四）「東京朝日」以下十九家報紙也於同日，發表了「我國民縱令隱忍自重，也絕不能接受這種差別待遇」的宣言。大會兩天以後，發生了許多右翼壯士携帶日本刀闖進帝國飯店舞廳的事件。在全國各地，舉行了規模大小不一的反美集會，以煽動輿論。

在橫濱，六月十五日晚上，於長者町臨時劇場新生館舉行了對美市民大會，到開會時間，已經毫無立錐之地，擠滿了一千五百名的聽衆。大會以排日移民法乃在種族上差別日本人的不人道惡法，是最大的國恥，同時決議「要促使美國人反省，排除其一切的不義橫暴，並要把全有色種族從這類差別種族的立法鐵鍊解放。」（註三五）其所以說要解放全有色種族，似乎因爲橫濱港口搬貨工人聯盟參加了這個大會。中國人在美國也受到迫害和差別，眼看日本憤怒於排日移民法的情況，孫中山（一八六六－一九二五）於四月在廣州批評日本說：「白色種族之橫暴並不始於今日，三十年來我希望日本爲亞洲民族的盟主以圖亞洲民族的解放，可惜，日本跟着歐美屁股跑，不但不用心於團結亞洲民族，而且還要欺侮弱小民族。」（註三六）日本如果要叫喊廢除種族的差別，當然應該考慮到在日本統治下的朝鮮人和台灣人的待遇，但就日本人來說，反美和這是兩件事情。

對於清浦超然內閣，在大選獲勝的護憲三派，以憲政會的加藤高明（一八六〇－一九二六）爲首相，於一九二四年六月十一日組織內閣，曾予國民以清新的印象。前駐美大使幣原喜重郎（一八七二－一九五一）就任外相。幣原在上任談話中就其方針說：「今日，權謀術數的政略和侵略政策的時代完全過去了，外交要踏着正義和平的大道而前進。」「專以自私自利爲目的和以權謀術數爲手段的舊套外交，應該絕對摒棄，由少數專家所行的秘密外交，自當直接開放於國民的諒解和意思上面。」（註三七）明言秘密外交的終焉。連秘密文件也想儘量向兩院議員公開的幣原的態度，給人們以誕生了新外交方式的印象。貴族院議員副島道正就幣原說：「他的應答有條不紊，令人大有民主外交家之感。」（註三八）

關於移民問題，幣原以美國具有限制各國家移民到自己版圖之固有的主權權利；美國的排日論者，並非以日本人為劣等民族才予以排斥，而以為這是不容易同化於美國社會組織的問題，而努力於避免採取感情上國恥論的態度。是即威爾遜總統所提倡的新外交方式，以加藤護憲內閣為背景，才由幣原外相開始實踐。至此，日本便踏進與寺內內閣的秘密外交，和政友會內閣權力中心主義的外交不同其性格的，所謂「幣原外交」的時代。

但同樣在加藤內閣，且居於陸軍大臣要津的宇垣一成，却堅持着與幣原完全相反的國際政治意識。現在舉二、三個例子。

幣原：「國家為國際鬥爭團體的時代，早已成為過去的夢想，時至今日，國家已經變成邁向世界永久和平人類永遠幸福，負有共同使命的國際合作團體。」

宇垣：「數年來我們聽到我們所憧憬的『人道和平』這個美麗的呼聲，但這是空虛的口號，實則國家與國家的關係還是『力量』。尤其白色種族與有色種族的對立這個事實最爲明顯。」

幣原：「以現今的國家間仍然有衝突紛爭的事實，新時代的外交實績尚爲不顯然的現狀，就立刻把它連結於武斷的思想或者侵略意圖變相的再度出現，……如果有人否認國際合作的新趨勢，爲偏狹的國家主義辯護，這個人便是對時代的發展作盲目而近視的觀察。」

宇垣：「偏狹的國家主義，固陋的忠君愛國主義，國民的思想裡仍然需要這些。」「今日日本之所以能夠成爲强國，主要地是因爲有强銳的國軍。如果從日本把國軍的長處拿掉，作爲强國的日本，還有什麼呢？」（幣原「國際政局的變遷與外交的本義」及「宇垣一成日記」）（註三九）

我把幣原、宇垣二人的文章構成問答式，這可以說是典型而成爲表裏的國際政治觀。因此，宇垣雖然身在閣內，對幣原外交的推進，却非常批評，甚至於嘲笑。宇垣在他的日記寫着，幣原外交是「一再讓步的屈辱外交」、「失敗外交」和「無爲無能外交」，認爲這種外交應該結束。他以除掉陸海軍的精銳，作爲强國的日本便一無所有，因此

對於裁軍的實施，他要採取這樣的方式：「整理的外觀使其好像稍爲縮小，實際上……是革新國軍的威容。」（註四〇）

加藤內閣於一九二五年一月，與蘇俄簽訂恢復邦交的條約，三月，在第五十屆國會通過懸案的普通選舉法。對於俄日恢復邦交，黑龍會、國粹會等右翼團體都表示贊成和慶賀之意。國粹會的木田伊之助少將說：「此次交涉成立，可以說是大成功，對於芳澤代表的努力，我要由衷表示謝意。」理由是，「要之，因爲此次交涉的成立，以漁業、森林爲首，糧食問題的解決，殖民地的擴張等，日本在經濟上將受到很大的利益，實在值得慶賀。」（註四一）他從庫頁島、西伯利亞的石油等利權，和獲得移民之地的觀點來看俄日條約。前駐中國公使日置益也在雜誌上說，天天要增加大約兩千人的人口問題，其解決實唯有求諸於滿蒙和西伯利亞，（註四二）所以這種看法，在某種程度上，可以說是很普通。

在樞密院審議俄日條約最成爲問題的是，對於共產主義宣傳的對策，和國內共產主義者的取締。在精查委員會，平沼騏一郎顧問官就第三國際與俄國勞農政府的關係，亦卽第三國際是不是條約第五條抑制禁止措施的對象提出質詢，並督勵政府取締國內的共產主義者。幣原外相答說，第三國際適用第五條；若槻禮次郎內相說明，準備在第五十屆國會提出取締共產主義和無政府主義的法案—治安維持法，並請求其了解。（二月十七日，第五次精查委員會）廣田弘毅外務省歐美局長也於二月十四日的委員會說，需要澈底取締共產主義，並舉出歐洲各國對共產主義的對策，譬如義大利則處拿紅旗者以槍斃，雖然這樣嚴格，但她的對蘇關係還是很好，反此，不嚴格取締共產主義的英國，對俄國的關係却很糟糕等例子，而結論說：「總之，鑒於嚴格取締共產主義反而與俄國關係良好的現況，我認爲應該嚴格取締。」二月二十五日，樞密院大會在攝政列席下召開，一木喜德郎審查委員會長特別强調取締思想之爲急務，爾後通過俄日條約。（註四三）

第五十屆國會結束後，高橋是清馬上辭去總裁和閣僚，於是由陸軍上將田中義一（一八六三—一九二九）繼任第五任政友會總裁。田中堅決辭退進入加藤內閣，護憲三派的合作，至此已到其尾聲了。六月二十日，政友會在國會外團體大會席上決議：「爲合作，不能枉我黨黨是」，對於對外政策，它主張自主外交說，「對中國和俄國確立經濟政策，以奠定自主外交的基礎」，這是值得注目的。護憲內閣於七月底垮台，憲政會單獨組織第二次加藤內閣，但政友會在田中總裁下升起自主外交的旗幟，逐漸向加藤內閣挑戰。

加藤新內閣的陸相由宇垣留任，而宇垣陸相也盼望嚴格取締共產主義者。宇垣認為，共產主義者「在根本理念上詛咒國家，無視國家，以消滅社會今日所謂中上級，祇求下級者無產階級的幸福為目的。」憲政會和政友會等原有政黨雖然還有一些國家觀念，但在宇垣眼中，他們仍不失為「自私自利亡魂的集團，腐敗墮落，極其低級的一群。」（註四四）宇垣對議會政治「腐敗墮落」的憤慨，使其非常關心獨裁政治。他以為專制的獨裁政治，如果受到大多數國民的歡迎，就不算是獨裁，因而他醉心於墨索里尼，穿着模倣法西斯黨制服，接見著名的大日本正義團的酒井榮藏，且在其日記寫道：「眞是如我意。」（註四五）

在凡爾賽・華盛頓體制之中，日本統治階級的對外感覺，在基本上，有着不富有的日本意圖要打破既成體制的意識。主要聯合國或者五大國的大國意識，和不富有或者後進國家的劣等意識，我們從對於排斥移民和勞工機構的反應，可以看出這兩者很奇妙的混淆。換辭言之，本文的目的是，欲指出想保存國內經濟體制和社會秩序的同時，想打破世界既成秩序之日本的雙重意識。幣原外交之被認為新的外交，意味着以權力主義之對外政策爲是的意識還是相當廣泛地存在，而如前面所說，連內閣裡頭也有強有力的異己分子。雖然如此，幣原外交爲什麼能夠成爲主流，誰支持它，凡此都是很值得大家探討的問題。（譯註三）

# 註釋

註一：小林龍夫編：「翠雨莊日記」（伊東家文書，原書房，一九六六年），八〇九頁。

註二：同上，三三四－三三六頁。

註三：同上，三四一－三四二頁。

註四：同上，二九六－二九七頁。（一九一八年十一月十九日）

註五：同上，三〇九頁。

註六：「外務省文書」：「國際聯盟，人種差別撤廢。」

註七：一九一九年二月六日「朝日新聞」。

註八：「外務省文書」：「三月三十日全權向內田外相之報告」。

註九：「宇垣一成日記」，第一卷，（密斯玆書房，一九六八年），二二一頁。

註一〇：岡義武：「近衞文麿」（「現代日本思想大系」第十卷，「權力的思想」，筑摩書房，一九六五年）。
註一一：「外務省文書」：「巴里講和會議勞動委員會總括報告」。
註一二：「外務省文書」：「第一回國際勞動會議報告」。
註一三：「外務省文書」：「勞動委員會總括報告」。
註一四：北一輝：「日本改造法案大綱」（改造社，一九二三年）．「北一輝著作集」第二卷，（密斯玆書房，一九五九年），三四二頁。
註一五：「宇垣一成日記」，前揭書，二五六—二五七頁。
註一六：「外務省文書」：「華盛頓會議一件，準備參考資料」第五卷。
註一七：「外務省文書」：「華盛頓會議一件，有關限制海軍軍備條約」第一卷。
註一八：「大日本帝國議會誌」，第二十卷（第四四議會，一九二一年二月十二日）。
註一九：「原敬日記」（全九卷，乾元社，一九五〇—一九五一年），一九二一年六月二十五日。
註二〇：島木赤彥：「東西集」，一九二一年九月號「中央公論」。
註二一：一九二五年四月號「外交時報」。

註二二：「外務省文書」：「華府會議關係綴」，第六卷。
註二三：「外務省文書」：「華府會議，陸軍隨員電報準備書類」，第一卷。
註二四：同上。
註二五：同上，十二月七日，田中少將呈上原參謀總長。
註二六：「外務省文書」：「華盛頓會議一件（帝國）」，（加藤寬治稿），一九二四年十二月。
註二七：山梨半造：「國防哲學的概念」，一九二四年三月一日「外交時報」。
註二八：高橋是清：「全世界的門戶開放」，一九二三年一月一日「外交時報」。
註二九：吉野作造：「時論」，一九二一年十月號「中央公論」。
註三〇：船越光之丞：「帝國外交的基本方針與所謂廿一條問題—關於貴族院的外交決議」，一九二三年四月號「外交時報」。
註三一：水野廣德：「不必躭心」，一九二三年二月號「中央公論」。
註三二：「外務省公表集」，一九二四年。
註三三：「外務省文書」：「美國的排日問題雜件別册，對於美國移民法的排美情報」

註三四：高木八尺：「美國新移民法批判」，一九二四年七月號「中央公論」。

註三五：同註三三。

註三六：藤井昇三：「孫文之研究」（勁草書房，一九六六年），二一八頁。

註三七：幣原喜重郎：「國際政局的變遷與外交的本義」，一九二五年十月一日「外交時報」。

註三八：副島道正：「新日本的外交政策」，一九二四年九月一日「外交時報」。

註三九：同註三七。「宇垣一成日記」：（全二卷，密斯玆書房，一九六八―七〇年），第一卷四三五、四二九、四七九頁。

註四〇：「宇垣一成日記」，第一卷五八六頁。

註四一：「外務省文書」：「俄日恢復國交交涉一件，北京會議、帝國輿論」。

註四二：「日本人口處理問題與外交政策」，一九二四年九月一日「外交時報」。

註四三：「外務省文書」：「有關俄日基本條約之樞府大會議事要錄」。

註四四：「宇垣一成日記」，第一卷五二二頁。

註四五：同上，五四五頁。

譯註一：八・八艦隊是俄日戰爭以後，日本以美國爲目標準備進行的國防所需海軍兵力，以戰艦八艘，巡洋艦八艘爲骨幹的艦隊。

譯註二：當時，日本的空軍，不是屬於陸軍，就是屬於海軍，空軍不是獨立的。

# 三、日本對中國不干涉政策的形成

## 序　言

一九一九年三月，在朝鮮漢城公園的一隅宣讀的獨立宣言，於被日本合併成爲殖民地而喘於重壓的朝鮮各地，引起了遊行示威和鎮壓的血腥悲劇。

朝鮮的獨立運動，曾予日本統治階層和知識份子以很大的衝擊。吉野作造（譯註一）對於經驗三・一事件而毫無反省和覺醒的日本人如此寫着：「由此可知其良心如何痲痺的一斑」（註一）。關於日本知識份子的一般反應，我們可以從該年五月號「改造」雜誌的卷首語窺悉。題名「更新統治朝鮮方針」的卷首語，指出以往日本之朝鮮政策的錯誤，並要求其改革，同時說：「對於朝鮮人民我們亦不得不一言」，「說什麼正義、自由、和平，既然沒有武裝的威力，自不會有任何權威，也不會有任何拘束力，所以希望（你們）權衡自己的力量」。它的意思是，警告朝鮮人，世界的大勢，決非理想論和書生論所能行得通，他們如果誤以爲傳統國家觀，或一知半解的學生所煽動，從而輕舉妄動的話，勢將再度回到苛酷的壓制。

我們如果拿「改造」的論調跟石橋湛山（譯註二）的「東洋經濟新報」比較，則更能瞭然其性格。石橋結論說：「日本應該覺悟，今後祇要有機會，朝鮮人將以暴動或其他一切方法掀起反抗運動，而緩和之道，實捨令朝鮮人成爲自治民族莫屬。面對這次朝鮮的暴動，而輕侮朝鮮人的反抗，日本人實在太無反省。」因此石橋斷定說：「日本人不知道他們對於朝鮮人太橫行無忌而濫用勝者的權利了嗎？不知道他們剝奪了朝鮮人的生活（生活的根本在於自治）嗎？在這種理解之下，絕不可能有任何的善後對策」（註二）。是卽石橋完全沒有像「改造」把三・一事件當作「輕舉妄動」的那種想法。

在觀察五・四運動以後的中國革命與日本的因應時，我之所以談到三・一運動，是因爲日本政府的對中國政策和日本人對於中國的認識，在基本上與對朝鮮政策和對朝鮮的認識是相通的，我們應該特別留意日本人對中國的認識，乃以其對朝鮮的認識爲基礎。在另一方面，中國對日本的認識，也以逐漸被日本殖民地化，甚至於被殖民地化之朝鮮的存在爲基本，這是無可否認的事實。是則對於朝鮮現狀的認識，以「不能成爲第二個朝鮮」這種形態，爲中國民族的覺醒，扮演了很大的角色。

## 日本知識份子對中國的認識

對於一九一九（大正八）年五．四運動以後中國的渾沌情勢，日本知識份子究竟具有何種認識和對策呢？五．四運動以後沒多久，有關中國的學者內藤湖南（譯註三）說：「這次杯葛，不過是學生騷亂」（註三），但這正如吉野作造所說，乃「漫罵」（註四）北京學生的行動。內藤又說：「如果南北能夠各自統一其內部，學生運動的取締，是件小事，其壓制易如反掌」（註五），由此可見，內藤把學生運動祇當作鎮壓的對象而已。這意味着內藤對於自第一次世界大戰以後，日本之佔領山東鐵路，提出二十一條要求等行動，毫無疑問。因此他主張，近來日本政府對於被說成侵略主義、軍國主義有所顧忌，但日本政府實可置之不理，而應該鎮壓排日等空論（註六）。因而內藤結論說，中國祇要對日本的開發提供原料就可以。

跟內藤同樣馳名而研究中國的學者矢野仁一（譯註四），也於兩年後的一九二一年，發表一篇論文，竟說「在中國並沒有西方所謂的國境，所以中國人把其實力所不及的邊疆地方，譬如西藏、蒙古、滿州等地當做有如中國原來的領土，是錯誤的。」（註七）矢野的論點，可以爲日本特殊地域化滿蒙的一個藉口。

當然，對於內藤、矢野的中國論，有許多人提出疑問。在一九一九年的日本論壇最活躍的一位，法學博士神戶正男（譯註五）就對日本人一般的中國觀和朝鮮觀表明了這種立場。一九一九年五月，他問說：「日本人雖然責難白人的人種差別待遇，但日本人對其隣人和屬地人—中國人和朝鮮人沒有差別態度嗎？」因此他主張予朝鮮人以參政權，和修正統治臺灣、朝鮮的方針；對於修改關稅、廢除領事裁判權和撤退駐屯兵等中國所希望的事體，日本應該盡力而爲。（註八）這是發生五四運動以前的事情。

比神戶更澈底主張放棄山東、滿州權益，和殖民地朝鮮、臺灣的是，前面所提到「東洋經濟新報」的石橋湛山，他的主張非常明確。他說「『一言以蔽之，覺悟放棄一切』。我們應該自動放棄滿州、蒙古、鐵路和鑛山，一切的一切。我們不必等待美國和其他國家的提議。……各位同胞，我們還猶豫什麼。我國因此而將損失的，僅僅是一條南滿鐵路和小小的關東州而已。而且，就是放棄這些也是名義上的事。在實際上，我們還可以在經濟上利用這些土地和鐵路。因此我們如果有所失，那就祇有失去濫用它的機會

，反而會爲日本全國國民帶來利益」。（註九）

石橋一再地闡明大日本主義之爲幻想。石橋湛山的主張與內藤湖南的前述中國觀，雖爲很好的對照，但對於這兩種觀點，我們並不能一概地說，前者較副現實，後者太過於理想（空想）。以下，我準備研討這前後三年一個月（自一九一八年九月二十一日至一九二一年十一月五日），執政的原（敬）政友會內閣對中國政策。

## 有關對中國新貸款團

發生五四運動一個星期以後，於一九一九年五月十一、十二兩日，由美、日、英、法四國銀行團代表召開於巴黎的會議，以其表示世界大戰後列國對中國政策的新展開方針，而具有非常重要的意義。這個會議是前一年十月，由美國呼籲對中國成立新貸款團而召開的，擔任主席的美國代表拉莫頓，會議一開始便說明美國的提案，乃包括對中國中央政府、各部、地方政府以及以其所保證公司借款所發行的公債，甚至於網羅各國團體的既得利益和將來可能獲得的利權。日本代表是正金銀行的小田切萬壽之助和巽孝之丞兩個人，小田切董事認爲，新貸款團的重點，在於要把中國鐵路的借款業務國際化。

小田切以新貸款團一組成，英國將把在長江流域獲得的鐵路（浦信、寧湘等線），美國也將把裕中公司所契約一千多英里的鐵路建設計劃，提供新貸款團，若是，日本也就不得不移管山東鐵路和滿蒙的未成鐵路，因此他檢討了新貸款團組織對日本的利害得失。㈠美國的提案是，欲打破以往列國所據的勢力範圍（割據主義）者，所以日本如果想維持割據主義，日本的鐵路建設區域將局限於滿蒙和山東的一部份，而且在這些區域的鐵路建設，鑒於中國國民最近的意向，其情勢很困難；㈡中國最富裕的長江流域，爲英國的勢力範圍，日本的插足一直受到阻止，而如果英國果眞撤銷其牆壁，日本就是提供滿蒙、山東的鐵路，還是化得來；㈢美國投資海外的餘力還是很大，因此縱令在中國投下其百分之一，對日本還是構成巨大的威脅。基於如上的分析，小田切認爲，參加新貸款團對日本有利。

而於五月二十日所召開的原內閣會議，也大致上得到跟小田切同樣的判斷。內田（康哉）外相的構想是，日本放棄山東、福建的勢力範圍，以換取英國和法國開放其長江流域、雲南、廣西、福建等「地盤」，日本由此可以在整個中國自由開展其經濟活動。原內閣對於美國資本之投進戰後的中國市場，却深具戒心。因而獲得「日本不如自動參加新貸款團，緊密美日兩國對華投資的合作，以誘導歐美的資本勢力用於東方的和平與彼此的公益最爲上策」的結論。這是深知「列國的鐵路計劃的規模宏大，我資金不十分豐潤」的結果。

不過，從以上所述，我們可以知道，原內閣從日本應該放棄的勢力範圍，把滿蒙除外。亦卽原內閣的方針是，由於英、美、俄等各國，承認日本對於滿蒙具有特殊的利害關係，所以欲把滿蒙從新貸款團的對象除外，以保存日本的勢力範圍。但於五月二十九日的外交調查會，對於犬養毅（譯註六）問說，如果因爲不能貫徹把滿蒙除外的主張，而不參加新貸款團對日本是否不利時，原首相答說，如果因爲日本不參加，而由英、美、法三國組織財團的話，將對日本不利，所以他在考慮對把滿蒙除外有所緩和（「原敬日記」，一九一九年五月九日），由此可見把滿蒙除外，並非日本參加新貸款團的絕對條件。

如所逆料，對於日本把滿蒙除外的主張，英美表示強硬的反對。英國代理外相卡重（Earl Curzon）於七月間，曾經兩次約見珍田（捨己）駐英大使，警告說，日本如果繼續其利己政策，在遠東她將陷於孤立。以往，英國雖然也有過努力於確保其在長江流外，認為它將導致日本的孤立，而表示反對。但內田外相和田中（義一）陸相堅決主張把滿蒙除外，因此原首相遂採取「暫且主張除外，惟因我並不着急，故將在與對方不破裂的範圍內試之」（一九一九年八月十三日「原敬日記」）的較比曖昧的結論。

正如對於該年二月間來日的芝加哥銀行家阿伯特所說，原首相認為，現在對中國最需要的是南北的妥協，和樹立統一的政府。原內閣的見解是，在中國還沒出現統一政府以前，不擬給予貸款，統一以後纔援助中國政府，並應由列國以某種方法監督中國的財政。從這個見解來說，企圖加入新四國貸款團的方向，對原敬來講，在基本上並不矛盾。原敬雖然與列國協調的同時，「為了不使親日派失望而在背後予以援助」（一九一九年六月十九日「原敬日記」），卽暗中以經濟援助中國的親日派，但我們却不能因此而就說原敬的中國政策與寺內（正毅）前內閣之援助段祺瑞政策類似。

## 原內閣的不干涉政策

現在，我們來看看原內閣如何因應滿州以及中國本土的軍閥戰爭。五四運動以後，從奉天等滿洲各城市和天津方面，往日本國內寄來了許許多多責備日本行動的電報和印刷品，但大多爲憲警所沒收。奉天督軍張作霖，禁止了預定於一九一九年五月七日國恥紀念日召開的學生集會，並訓誡凡有擾亂擧動者，將予槍斃。張作霖把杯葛日貨視同暴動，因而嚴懲不貸，所以在奉天，排日運動一直被壓着。當時，張作霖正在傾其全力排斥吉林督軍孟恩遠。如果能夠驅逐孟恩遠，張作霖的「東三省巡閱使」職務，便將名實兼備，成爲東三省的覇王，因此他也就要極力避免將導致日本反感的措施。北京政府於七月六日，開革了孟恩遠的吉林督軍職務，並任命黑龍江督軍的鮑貴卿爲其後任。氣憤的孟恩遠，遂集其所部於奉天省境內，與此同時，張作霖也編組討伐吉林軍，於是兩軍的情勢，一觸卽發。面對這種情勢，原內閣如何處理，實令人注目，而內田外相乃於七月十八日，訓令奉天的赤塚（正助）總領事和吉林的森田（寬藏）總領事，對張、孟兩督軍任何一方，不要採取援助或者同情的態度。

這個訓令以「此時帝國政府既不干預張、孟之爭，也不問其孰曲孰直」（註一〇），說明日本基本的不干涉方針以後，並警告說，無論中央政府或者張、孟任何一方，如果有動搖滿州的治安，從而影響日本在滿州權益的策畫和行動，他們應該覺悟負擔其重大的責任。吉林軍於七月十九日，由於細故而在距離長春西北三公里的寬城子與日軍發生衝突，因而受到中央政府的嚴重處分，以至陷於困境，因此於八月二日在長春，由日本軍事顧問陪同下，向張作霖屈服，至此張作霖纔統一了東三省。

原內閣對於滿州的軍閥戰爭雖然採取了不干涉態度，但對於中國本土是怎樣呢？一九二〇年，段祺瑞安徽派與曹錕直隸派之對立日趨激化，幾乎要爆發戰爭時，為內外所關心的，是在安徽派統治下的邊防軍三個師團的向背。邊防軍係由參戰軍改稱而來，這是作為援助段祺瑞的一環，獲得日本在武器上和財政上的支持，雇用日本軍官和士官來訓練，與日本關係很深的軍隊。原內閣雖然不贊成安徽派使用邊防軍於內戰，但却也不積極干涉邊防軍的出動。內田外相於七月九日表示：「不使用邊防軍於內戰的保證，祇是對於帝國政府的忠告；但帝國政府並無義務強逼它，是否遵守此項保證」。「當中國各派擁兵相爭之際，祇對某一方強制禁止其使用兵力，結果自然援助另一方，此自不免有干涉內政之譏」，乃是以不干涉內政為理由，避免干與邊防軍的出動。與此同時，從事於邊防軍訓練的坂西（利八郎）少將以下二十三名日本軍官和士官，也獲得了不要干與邊防軍之出動或用兵的訓令。

安徽派雖然再三要求日本予以援助，但原內閣在經濟上却毫無給它援手。由於奉天方面張作霖於七月中旬，為了幫助直隸派，投下七萬左右大軍於關內壓迫安徽派，於是段祺瑞遂遭慘敗，而走上沒落的道路。日本天津駐屯軍司令部以原內閣「標榜不干涉主義，使張作霖斷然實行出兵關內，終陷段派於窮境，實爲可惜。」（註一一），而對原內閣的處置表示遺憾，說明了原內閣的不干涉方針，並非祇是紙上的聲明。對於段派勢力的覆滅，雖然有人以爲這是親日派的沒落而表示惋惜，但八月三日的「東京朝日新聞」社論却說：「我們的看法剛剛相反，我們相信這是我們矯正過去對華政策的錯誤，圖謀根本救濟的絕好機會」，以評價原內閣的不干涉方針。

在這裡，值得我們注目的是，七月中旬，上海的日本人商業會議所，用會長兒玉謙次名義，向原內閣提出，以日本外務省旣表示不要給予邊防軍任何援助，而中國方面報導大約有二百名日本軍人在援助、指揮邊防軍一事，如果屬實，應請政府採取不許日本軍人干與的方針。上海日本經濟界所最憂慮的是，再次爆發逐漸平靜的排日杯葛。商業會議所的要求理由是：「縱令援助北方的邊防軍對日本有所得，全中國的輿論却對日本極端不利，因此日本所將蒙受的損害非常之大」。

跟它同樣意思的請願，於前一年五四運動時，也由輸出中國的業者，向原內閣提出過。亦卽於一九一九年七月二十日，華北（北支那）輸出同業會、大阪貿易同志會、大阪輸出同盟會聯名，要求內田外相：「中國民族要求歸還山東主權，從當前排日感情的趨勢來看，因其利害得失不能同日而語，故應在保持相當體面範圍內，迅速而無條件地還給他們」。商界以因爲排日杯葛使日本所受慘重打擊，決非佔有山東半島的利益所能填補，而主張放棄山東。當然，原內閣沒有接受放棄山東的意見，但有關中國的日本經濟界之重視整個中國的市場，遠過於中國某特定地方的利害關係，這是很值得我們一提的。

華盛頓會議以前，原內閣於一九二一年九月二日，在閣議、外交調查會所決定「山東善後措施案大綱」，除要求山東鐵路（鑛山）中日合辦組織外，幾乎是以放棄山東的政治權益爲內容。但對於這個方針，石橋湛山却批判說：「既然要把山東歸還中國，爲什麼不乾脆一點呢？還要主張什麼應該承認外國人的居住、職業自由，合辦鐵路鑛山，這是多餘的」（註一二）；吉野作造更以一九一九年和一九二一年原內閣的變更方針爲「時勢的要求」而評估說：「我有些驚訝政府的毅然決斷……現今在思想上最沒進步的政府，似也不得不屈服於時勢的要求」（註一三）。

原首相於被暗殺之前的一九二一年十一月四日，對中國報人董顯光所說：「我相信日本不敢把他人的領土當做自己領土。在二十世紀的今日，征服人家領土是最落伍和最笨拙的政策。我們在滿蒙的政策，正如我剛才所說，只是欲保護我們既得權利而已。目前我們求於和應該求於中國的是通商。通商比什麼都重要」（註一四），顯示原敬中國政策重要的一面。

但於一九二〇年十月，在琿春發生日本領事館被土匪襲擊，死傷十幾個人的事件時，原內閣立刻隨意出兵中國間島的經緯，不能不令人懷疑原敬之「在二十世紀的今日，征服人家的領土是最落後和最笨拙的政策」這種說法。原敬曾經有過再三出兵間島的意思（一九二〇年十一月十二日「原敬日記」），因此從這一點來看，他也是前述矢野仁一之中國沒有西方所謂的國境之論點的支持者。

## 華盛頓會議以後的中國情勢

從一九二一年到一九二二年召開的華盛頓會議前後，中國情勢仍然是軍閥割據，和因為軍閥之間內戰而混沌的時期。就是正在舉行華盛頓會議時，曹錕直隸派和奉天派（張作霖）的對立激化，日趨緊張。張作霖與小幡（酉吉）公使和赤塚奉天總領事屢次接觸，並說奉、直的對立，不是單純的爭奪政權，直隸派背後有英國的援助，又以爲爲了鎭壓排日勢力，日本也應該積極援助奉天派（註一五）。在日本內部，公使館武官東（乙彥）和關東都督府參謀長福原（佳哉）少將等人，也主張英美既然爲直隸派後盾，意圖掃除日本在中國的勢力，日本也就應該援助張作霖，以粉碎吳佩孚・直隸派的野心。惟繼原被暗殺後的高橋是淸內閣，堅持不偏不倚的方針，因此一方面令在張作霖處擔任顧問的日本軍人採取愼重態度，另方面則設法使吳佩孚派不要誤解日本的方針。

奉、直兩軍於一九二二年四月二十七日，在馬廠開始戰鬥，以長辛店爲中心展開了激烈的戰爭。五月三日，吳佩孚的側面攻擊成功，奉天軍放棄長辛店，並撤退到軍糧城、灤州、山海關方面；六月十六、十七兩日，兩軍媾和於停泊在秦皇島的英國軍艦上，由此奉天軍撤到關外，吳佩孚勢力進迫北京。旋徐世昌大總統爲直隸派所排斥，因而於六月初發出辭職通電，退出北京隱居天津。第一次奉直戰爭之際，跟原內閣的時候一樣，日本維持了不干涉中國內政的立場。

第一次奉直戰爭結束以後，高橋政友會內閣以閣內意見不一致而提出總辭職，政友會雖然期待高橋能再主政，但卻由海軍大臣加藤友三郎組織貴族院內閣。加藤首相是華盛頓會議的首席全權代表，於三月十日，剛從華府回來，外務大臣仍然由內田康哉留任，由於內田是華盛頓會議時的外相，所以人們認爲，加藤內閣的使命在於實現華盛頓體制。

加藤內閣於一九二二年七月二十七日的內閣會議，作成了非難現役陸軍軍人做中國中央政府或地方政府的顧問，直接間接干與中國內政之現狀的決議。「不負責任的軍人報告，終於說動我大陸軍首腦，暴露（日本）極端的雙重外交，這是一向的慣例」，「政府對於中國政局，一直聲明不偏不倚不干涉內政，惟因因習太久的這些軍事顧問等行動，迄未能夠貫澈其政策」。這種閣議決定，如果沒有華盛頓會議後輿論對陸海軍裁軍的大力支持，是不可思議的。要之，一九二二年是，五月從山東鐵路沿線撤兵，由北庫頁島，以及西伯利亞撤軍（十月二十五日完了），年底完全撤回青島守備軍，這是第一次世界大戰期間日本對中國大陸作軍事侵略告終的一年。

從一九二三年至一九二四年，中國北方政局，在直隸派支配下不斷發生內訌，內閣動搖不停，繼徐世昌之後，由直隸派擁立的黎元洪大總統也被迫去職（一九二三年六月）。曹錕於該年十月當選大總統，十日由保定到北京去就任。但在曹錕大總統任內的政局也並不安定，因而於一九二四年一月成立的孫寶琦內閣，於七月一日辭職，繼它的顏惠慶內閣，迨至九月十四日纔問世。一九二四年春天，訪問北京的記者小村俊三郎，曾經報導北京政情幾乎絕望的情況說：「以曹錕爲大總統的北京政府，本來就無異於無政府。自民國成立以來，沒有比它更壞的政府。」（註一六）。

在這前後，加藤首相於一九二三年八月病歿，關東大地震時成立的山本權兵衛內閣，也因爲虎之門事件（譯註八）而辭職，一九二四年一月，以清浦（奎吾）樞密院議長組織超然內閣。清浦內閣爲對抗護憲運動解散國會，五月舉行大選，護憲三派大勝，於是以加藤高明憲政會總裁爲首相，於六月十一日組織護憲三派聯合內閣，日本政局纔趨於安定。

## 幣原外相的上場

加藤高明內閣，起用前駐美大使，作爲華盛頓會議代表非常活躍而待命中的幣原喜重郎爲外相。幣原於內閣成立後沒多久的衆議院（第四十九屆國會），作首次外交演講說：「我們決不犧牲他國，以滿足自己非理的欲望。也不爲所謂侵略主義、擴張領土政策等事實上不可能的迷夢所動」（註一七），表明了國際間的不和，乃一國之無視他國當然的立場，以及執着於偏狹的利己見地而引起的見解。幣原外相上任後，首先必須處理的中國問題仍然是軍閥間的內戰。

張作霖、盧永祥皆激烈反對直隸派的武力統一政策，所以這兩者之間的關係非常險惡。一九二四年九月三日，直隸派開始攻擊浙江督軍盧永祥，張作霖聲明援盧，並進大軍於山海關、熱河，設司令部於錦州，以壓迫直隸派。奉、直兩派，都請求日本予以援助。

幣原外相於九月二十二日，以出淵（勝次）亞細亞局長名義，表明對於這次內亂，日本將採取不干涉態度。但奉、直兩軍在山海關附近一展開戰鬥，他却於十月十三日，對兩軍警告，以「（日本）帝國臣民居住滿蒙者達數十萬人，日本投資既是莫大，」「帝國本身的康寧，亦賴該地方的治安秩序者頗多」，以喚起其注意。在十月二十三日的閣議席上，連平常很愼重的大藏大臣高橋是清，爲防止戰火波及東三省，也主張援助張作霖，因此引起閣議一些風波，惟幣原外相以縱令直隸軍統治滿州，也不是不可能令其跟張作霖一樣尊重日本的既得權益，所以堅持一向的不干涉立場，加藤首相也同意了要貫徹不干涉方針。

這一天，吳佩孚屬下的馮玉祥於北京發起政變，監禁曹錕大總統，直隸軍一舉崩潰，日本所憂慮戰火之波及東三省遂未成事實。但上原（勇作）參謀總長和宇垣（一成）陸相，知道馮玉祥的政變，乃由於張作霖曾經經由日本人之手交給馮玉祥一筆收買費用（據說是一百萬元）。宇垣陸相認爲，「幣原外相和外務省以爲新局面的開展（指馮的政變）是一種天助，實屬糊塗」，（角田順校訂「宇垣一成日記」1，米斯茲書房，一九六八年，四八八頁，四九五頁），而予以批判。但我們認爲，在基本上我們還是應該評價幣原之貫徹不干涉方針，宇垣的記述，只是表示他對中國認識的有限。

在南方，這一年（一九二四），中國國民黨擧行第一次全國代表大會於廣州，以廢除一切不平等條約爲今後的基本對外政策。所以國民黨主張，一律廢除外國人居留地（租界）、領事裁判權和外國人的關稅管轄權，並締結互惠平等的條約。國民黨總理孫文，於十一月應馮玉祥和段祺瑞的邀請北上，由於孫文總理的北上，以爲國民黨之廢除不平等條約的主張，將由廣州的一角，迅速推展到列國公使所駐紮的北京，遂爲人所注視。孫文總理經由日本，於十二月四日，從海路抵達天津，受到學生和一般民衆狂熱的歡迎。

孫文總理北上的途中，經過日本，於十一月二十八日，在兵庫縣立神戶高等女學校，對兩千多名日本聽衆，發表了「大亞細亞主義」演說，並在各處招待記者，以表明他的信念，而於二十五日，在神戶的國民黨歡迎會席上所說的話，最能說明其意圖。他說：「中國歷次內亂，皆由帝國主義援助軍閥，與軍閥依附帝國主義所致，故阻遏亂源，必須廢除一切不平等條約，使外人無力在中國活動，方克有濟。」（註一八）（譯註九）。

孫文在日本各地演講主張廢除不平等條約，很刺激了幣原外相和外務省當局。出淵次官批評說，主張廢除不平等條約，是無視中國實情，太過於理想的議論。孫文總理對於加藤內閣的反應失望，故未去東京，而由長崎前往天津。

段祺瑞於十一月二十二日，由奉天軍護衞從天津進北京，二十四日，就任臨時執政。張作霖與馮玉祥也先後到達北京。張作霖在北京，往訪英、美、日、荷等各國公使，非難馮玉祥驅逐宣統帝（十一月五日），並強調蘇聯的威脅，而要求英國等的援助。英國公使艾利奥（C. N. Eliot）對張作霖答說，如果能由段祺瑞這樣的保守份子建立堅固的體制，英國將予以支持（F.O. 405/247, No.14）。旋由列國包括日本在內於十二月九日通告新政權，以尊重和履行現有的條約爲條件，願意支持段祺瑞政權，和建立事實上的外交關係。但孫文總理對於段祺瑞與各國約定要尊重不平等條約非常憤怒。此時，孫文總理已在病中，於年底進入北京（協和醫院）繼續治療，並於翌（一九二五）年三月十二日，與世長辭。

## 五・三〇事件前後

一九二五年是，以上海、廣州爲中心，在整個中國全面展開激烈的反軍閥和反帝國主義運動之劃時代的一年。該年二月，日人在上海所經營的紡紗工廠，遭遇到中國工人的全體罷工運動。上海的日本紡紗業，以內外棉紡紗公司爲首的十家，擁有三十所工廠，其大部份皆位於公共租界及其接鄰地區。

罷工首先發生於擁有一萬五千勞工的內外棉紗工廠。二月九日，該公司第五、第十二工廠開始罷工，並立刻波及該公司所有工廠。駐上海總領事矢田（七太郎），以爲此次罷工不是單純的工潮，其背後有共產主義者煽動（註一九）。工潮波及日華紡紗廠和大日本紡紗廠，而在豐田紡紗廠，更發生襲擊日本職員、破壞機器、焚燒倉庫等情事。十九日，中國警察逮捕被認爲主謀者的蔡子華，由此七百名左右的工人襲擊警察署，企圖奪回蔡某，但經警察鎮壓射擊，工人纔四散。至於罷工的原因，根據日方的調查，固有解雇、待遇等問題，但日本職員之欺侮中國工人，更是很大因素。罷工工人與公司的交涉，因爲總商會的斡旋，於二月二十七日妥協，參加罷工的三萬多工人，終於全部復職。

上海的罷工獲得解決，經過一個半月以後，在僅次於上海之日本在華紡紗業中心的青島，於四月中旬也開始工潮，而且相當嚴重。中國工人在日人紡紗工廠的待遇，雖然不比其他外國人工廠差得很多，但中國勞工之不滿日本職員的橫蠻和暴行，則與上海沒有什麼兩樣。尤其自第一次世界大戰七年以來，青島一直爲日軍佔領統治，日本人對待中國人大有蔑視的傾向。大康紗廠工人於十九日，向公司提出承認工會等十三項要求，因公司不同意，所以二千五百名工人便於該夜開始罷工，並波及內外棉紗工廠，由之四圍的日人紡紗廠也全部進入工潮。迨至五月十日，工潮纔告一個段落，惟因青島官憲出動保安隊，意圖強行解散工會，因而大康等三個工廠七千名工人，又於五月二十五日，佔據工廠。

對此，加藤內閣除由旅順急派驅逐艦前往示威外，並嚴重要求北京政府和奉天的張作霖鎭壓工潮。此時，山東正在奉天系軍閥張宗昌的掌握之下。張宗昌於五月二十九日，動員一千七百名軍隊，派往各工廠，以驅逐工人。日清、大康兩廠工人，目睹出動軍隊便自動離開，但在內外棉紗廠却終於發生槍擊事件，當場死亡一人，六人負重傷（後死二人）。日本總同盟代表原虎一等人，於六月一日，對外務省亞細亞局長木村（銳市），追究以武力鎭壓罷工和干涉內政的責任。木村答說：「此次罷工超出勞工運動範圍，成爲暴動，故督勵中國官憲出面維持治安而已。」但我們却認爲，青島工潮的制止，委實是軍閥在帝國主義指使下，鎭壓外國企業工人罷工，在半殖民地勞工運動的典型過程。

青島罷工受到軍事鎭壓的第二天，上海公共租界，發生了租界警察向示威遊行中中國羣衆開槍的五・三〇事件。在上海，於二月罷工解決後，其情勢還是很緊張，從五月初，內外棉紗廠又開始怠工，十五日，在資方把它關掉的第七工廠，工人與擔任警衞的日本工作人員發生糾紛，日本工作人員與印度人警員開槍，傷七人（其中顧正紅，三天後在醫院死亡）。因而隔壁第五廠，大約一千五百工人趕來聲援，同時，租界警察也出動，經過一個小時後，情況鎮靜下來，但工廠的機器却澈底遭到破壞。

五月三十日，爲抗議內外棉紗廠事件，以學生爲中心在租界內各處展開活動，其中作排日演說的三個學生被租界警察帶走，於是羣衆中約幾百人前往警察署去要求釋放，而與租界警察對峙。眼看羣衆與時俱增的艾巴遜警官，遂於三時三十七分，命令警察開槍，結果演成當場死亡四人，受傷後死亡者五人，傷者十四人的血腥慘劇。這個事件曾予各界很大衝擊，從六月一日，公共租界內的所有中國人商店，爲抗議而全部停業。紡紗工廠自不必說，電車、電氣、電話等公共設施和港灣的工人都毅然開始罷工。在戒嚴令下的租界，警察和巡邏中的外國軍隊，一再地與羣衆發生衝突，死傷者愈來愈多。上海的慘劇，立刻傳播全中國，北京、南京、漢口、九江、重慶等地，到處有抗議的遊行示威；十三日九江的英、日領事館被襲擊，臺灣銀行遭放火。在上海參加罷工者，外國人工廠有勞工十三萬六百人，中國人工廠工人二萬六千人，共計十五萬六千人，列國在中國具有最多權益的城市上海，由之陷於癱瘓狀態。又因上海租界警察在英國人指揮之下，以及在廣東沙面於六月二十三日發生英國守備隊與羣衆衝突事件，死傷許多中國人（死者五十二，受傷一百一十七人），所以英國成爲中國反帝運動的主要目標。

對蔓延於中國的反帝運動，幣原外相和宇垣陸相具有不同的印象。宇垣認為，日本對中國政策有些地方需要修改，因此他主張：「為了根本地排除排日思想，對他們得確立帝國的權威，不澈底的作法是不行的」，「對於他們的不負責，我們應該設法予以嚴重警告」（宇垣日記」I，四六八頁）。幣原所警戒的是中國之離間英、日工作。目前中國的對象雖然是英國，但日本却隨時可以為其目標，若是，日本將蒙受莫大損失，日本的態度要特別愼重，因而他於六月十二日訓令芳澤公使說：「應該格外留意，不要為彌縫一時，而輕率地被蹈入中國的離間英日運動」。

上海大罷工，於六月二十八日，首先總商會退出，繼而日人紡紗公司於八月十二日，與工人締結停止罷工協定。但對英國仍然繼續罷工，加以香港、廣州工潮，英國所受損失最大。於是英國要求奉天張作霖，命令集結於上海周圍的奉天軍司令邢士廉予以鎮壓。邢士廉乃於九月十八日，佈告解散總工會，並派軍隊封鎖，上海的工潮才告結束。青島、上海的罷工，都因為外國政府之要求，出動軍閥軍隊，以實力干涉纔鎮壓下去，是很值得我們注目的。

南下到上海附近的奉天軍，於十月中旬，為孫傳芳軍所壓迫，而不得不從上海、南京撤退。孫傳芳軍於十一月，攻陷徐州和海州，掌握了全江蘇省。敗於奉直之戰而雌伏中的吳佩孚，眼看孫傳芳蹶起，也東山再起於漢口，通電討伐奉天。放棄江蘇的奉天軍，保持山東，在直隸省也駐兵北京北部，採取包圍北京的態勢。另一方面，馮玉祥軍除控制北京以外，也掌握河南、熱河、察哈爾和綏遠，而與奉天軍對峙。十一月二十二日，駐屯灤州的奉天軍部將郭松齡，要求張作霖下野，並越過山海關，十二月五日，迫近錦州。這是郭松齡與馮玉祥間的默契，是毋庸置疑的。

陷於危機的張作霖，遂要求駐紮奉天之列國總領事予以援助。張作霖訴說，郭松齡背後有蘇聯，如果不援助他，中國將被赤化，列國權益將遭蹂躪。吉田（茂）總領事也於十二月一日，向幣原外相呈報說，援助今日陷於窮境的張作霖，對保護日本在滿州的權益，不無幫助。滿鐵的安廣（伴一郎）社長，也建議援助張作霖。對於吉田總領事的報告，幣原訓令，仍堅持絕對不干涉方針。

幣原並不認爲郭松齡和馮玉祥接近共產主義思想。並覺得馮玉祥和國民黨將代表中國的新勢力。因此於十二月四日閣議說，今年時局與去年奉直戰爭當時大異其趣，無疑地馮玉祥和國民黨將在相當期間左右中央政局，所以應該乘這個機會多跟他們聯絡，指導他們走上正當的道路。換言之，幣原開始重視國民黨了（註二〇）。這是一年以前，孫文總理來日本時，以其爲空論家而予以輕視的幣原的很大變化，而使幣原對國民黨有這種新的認識，當是以五．三〇事件爲首的中國反帝運動。

對於憂慮滿蒙的赤化而催促出兵的輿論，加藤首相於十二月九日，對來訪的野黨——政友會總務也說：「社會的一部份，因目睹今日的情勢而有力主出兵者，但要以什麼爲目標來出兵呢？如果出兵沒有目標（名義）以干涉人家內政，近來中國對我的良好印象，則將大受影響。……但縱令俄國與郭松齡具有這樣的關係，我也不相信滿蒙馬上就會被赤化。」（一九二五年十二月十日「朝日新聞」）。

這些幣原外相尤其是加藤首相的判斷，跟吉野作造的時局觀並沒有太大的距離。吉野認爲，如果以郭松齡軍的勝利意味着滿州的赤化而出兵，實有干涉內政之嫌（註二一）。

總之，加藤內閣通告張作霖、郭松齡兩軍，禁止其在滿鐵沿線及其周圍從事戰鬥，並派遣久留米（九州——譯者）第十二師團和朝鮮三千五百餘人的增援部隊到達現地。而迅速進擊中的郭松齡軍，正在逡巡於日軍事實上的干涉時，終於被完成重整旗鼓的張作霖軍所擊敗。但現地日軍的干涉，並不與幣原的意圖相符。

## 附加二分五厘稅的趨勢

因爲於五・三〇事件而發生之上海的排日、排英杯葛，被鎮壓下去的一九二五年十月，在衆人環視中舉行了關稅特別會議於北京。這個會議，係根據華盛頓會議所簽訂有關中國關稅條約，惟因法國遲遲未批准，因此拖延到那時才召開。

日本非常關心關稅會議的趨勢。因爲一九二四年的國外貿易，由於受到大地震影響，而出現六億四千六百萬元之空前赤字，因此爲確保與美國同樣重要市場的中國，也就成爲加藤內閣的重要課題。英、美等列國，對於中國關稅自主權的主張，究竟將讓步到何種程度，跟日本經濟關係重大。所以加藤內閣的意見是，條約第二條所規定，七分五厘之附加稅的實施，以釐金的廢止爲其前提，但因內戰致有困難希望保留；而祇審議第三條暫行實施二分五厘附加稅的加徵。

十月二十六日，在北京居仁堂召開此項會議，中國代表首先提案，從一九二九年，中國將實施自主關稅，與此同時廢止釐金，但在實施自主關稅以前，作爲暫行措施，對於一般商品和奢侈品，將分別課予五%和二〇%至三〇%的附加稅。日本全權代表日置益，對於中國擬恢復關稅自主權，聲明將予以友誼的考慮，並提案在未恢復自主權以前，作爲臨時措施，將實施協定稅率或者差等稅率。日本表示接受關稅自主權，出乎大家所預料，使內外人士大爲驚奇。但隨着日本提案之後逐漸分明，中國便有人批評日本說，她表面上藉着恢復自主權之美名，暗地裡堅持廢除釐金和稅率協定以收取其實。

的確，如前面所說，日本祇欲承認二分五厘附加稅的加徵而已。基於這種認識，山川均（譯註一〇）的批評是正確的。他說：「日本的全權代表，把二分五厘附加稅的主張當作寶貝。事實上，棉紗布輸出同盟會決議「絕對不能承認華府會議所議決增加二分五厘以上」，同樣地紡紗聯合會也宣言「提高關稅的程度，一律爲二分五厘」的態度，而日本的對華外交，畢竟一半以上是棉紗棉布外交。……予中國以對日本毫無意義的「關稅自主」，以防止對日本是一切的提高「稅率」，這是日本外交官絞盡腦汁所想出來的解決案——調節中國國民的利害關係與日本對華貿易的方法」（註二二）。

加藤（高明）首相於十一月三日，對英國大使艾利奧坦率地說過，關稅會議不成功，對日本比較有利。跟英國和美國不一樣，在中國具有競爭品之日本的主要輸出品，譬如棉製品，因為提高輸入中國關稅，將遭受到很大打擊。當然，幣原外相也知道這一點。但是，幣原却認為，稍稍犧牲通商上利益，日本也得設法求中國政情安定與列國的協調。幣原判斷，列國如果不承認中國的關稅自主權，現今的段祺瑞政權，因為輿論的壓力可能垮臺，段政權垮臺以後，無政府狀態的中國，必為列國帶來很大的損害。會議一開始日置全權代表，就聲言對中國恢復關稅自主權，要予以友誼的考慮，以及於十一月十九日，表示贊成承認關稅自主權，對日本來講，可以說都是表面上的事。英國對於關稅會議不以廢止釐金為條件，而就承認關稅自主權，感到非常不滿。

關稅會議，於一九二六年四月，還是一直繼續開着。問題的焦點是，對於當前二分五厘附加稅的實施，要如何處理其所增收部份，幣原外相極力反對無條件地把二分五厘附加稅分開來實施。他主張，要把增收部份，充當於有若西原借款（譯註一一）對中國不確實債務的償還。不過對於幣原的這種主張，現地日本全權代表也有異議。日置全權代表等認為，乘加徵二分五厘附加稅的機會，以整理不確實債務，無異把關稅會議當成催收債務會議，而呈請幣原改變方針。但幣原却採取如果不能貫徹是項主張時，縱令中止其會議也在所不惜的強硬態度（五月三十一日訓令）。因此，由於日本的反對，關稅會議，連徵收二分五厘附加稅都沒有作成決定，於七月，遂無限期地延期。

當北方關稅會議，在事實上中止了的同時，由國民政府任命爲國民革命軍總司令的蔣介石先生，於七月九日上任，並開始北伐。七月二十九日，由廣州動身，八月十二日到達長沙，二十二日攻克要衝岳陽。當時，吳佩孚在長辛店指揮其所部攻擊南口之馮玉祥軍，倉惶南下。但此時大勢已去，九月初，漢陽和漢口也爲革命軍所佔領。

幣原外相雖然不相信對於北方軍閥作戰，革命軍會獲得澈底的勝利，但却認爲，不管其勝敗如何，由國民政府所代表的政治思想，將擴及全中國，並得到支持；加以革命軍的風紀，給予中國民衆以良好印象，而革命軍的勝利，將爲中國帶來和平，這是民衆所求之不得的。因此幣原贊成革命軍進出長江流域。

對於在廣州仍然繼續的排英杯葛，英國爲求對策煞費苦心，由於英國船在漢口附近受到革命軍砲擊，現地的英國官憲堅決要求其本國政府對此採取強硬措施，香港總督克列孟逖於九月十三日，建議其政府，對國民政府以最後通牒要求停止射擊英船，和中止革命軍佔領區域內一切的反英運動，如果不同意，則以海軍封鎖廣州和汕頭。麥克利英國公使也贊成香港總督的建議，並呈報（九月五日）外相張伯倫考慮軍事援助孫傳芳和增強遠東的海軍力量。但鮑爾溫內閣却以爲，海軍的封鎖和援助孫傳芳，在事實上都不可能。因爲於一九二五年三月，在帝國國防會議檢討結果，已經得到結論：「英國不可能單獨在中國實行大規模的攻擊措施，而唯有依國際協力纔有可能，但如果這樣做，得到利益的將祇有日本。」當英國對於反英運動正在束手無策之際，國民政府外交部長陳友仁通告英國駐廣州代理總領事布勒南說，將使排英杯葛在十月十日以前結束，並自十月十一日起，對於普通輸入品和奢侈品，將分別課以二分五厘和五分的特別消費稅。征收二分五厘附加稅，不祇對英國的輸入品，而且對所有外國輸入品都要予以課徵。事實上，關稅會議時，因爲日本的激烈反對而未能實現的是華盛頓附加稅的徵收。因此英國表示贊成陳外交部長的提案，並採取默認在廣州徵收二分五厘稅的方針。迨至十月，排英杯葛遂平靜下來，並自十月十一日起，在廣州由國民政府機關開始徵收二分五厘稅。

此時，革命軍已經佔領漢口，所以在漢口，國民政府可能也開始徵收二分五厘稅。由於關稅會議時，英國同意課徵二分五厘稅，因此二分五厘稅本身沒有什麼問題，對於英國來講，問題在於海關以外機關也在徵收二分五厘附加稅。他們憂慮：在英國人總稅務司下統轄的中國海關行政的統一，受到破壞。英國固然希望由海關來課徵二分五厘稅，但這需要徵得日本、美國等列國的同意。

十一月十一日，松井（慶四郎）駐英大使往訪威列茲烈副外務次官，對他提醒說，英國如果默認二分五厘稅的課徵，將違反華盛頓條約，和破壞關稅會議。對此，威列茲烈反駁說，英國所最重視的並非課徵二分五厘稅的違法性，而是對外貿易和對外債務之中心的海關，是否被破壞其統一。

英國政府於十二月一日的閣議，決定新的中國政策，並寄給赴任途中的藍布遜公使。是項新方針表明了將儘量協力以符合中國國民欲獲得與列國平等地位之希望的決心。它以承認關稅自主權和願意考慮修正治外法權的一部份為內容，同時具體地提議，將無條件地同意在全中國課徵華盛頓附加稅（二分五厘）。

## 不干涉政策的成熟與終止

一九二六年十一月和十二月，漢口情況還是很緊張。在到任北京之前，為了與國民政府首長在漢口接觸，英國新公使藍布遜溯長江西上，自十二月九日起，跟國民政府外交部長陳友仁舉行了幾次會談。由幣原外相特派的佐分利（貞男）條約局長也於十二月中旬抵達漢口，並與陳外交部長等接觸。佐分利向幣原外相報告說，國民政府的對日政策，並沒有像所宣傳那麼偏激，而實施關稅自主權以後，又將在一定期間內實行互惠稅率，因此還有以交涉謀求解決的可能性。

但國民政府於一九二七年一月初，因爲堅決收回漢口和九江的英國租界，而予英國以很大的衝擊。由於英國本自決心縱令訴諸於武力，也要保護英國人的生命財產和居留地租界，因此對其打擊更大。於是英國便趕緊準備以實力保衞最大的權益集中地上海租界的措施。十月二十日，逖利英國大使求見幣原外相，請求日軍能援助防衞上海租界，以免受到革命軍攻擊。但幣原却以目前能集中於上海的四千兵力就足夠維持治安，而且國民政府也不會攻擊上海租界，使一切列國成爲其敵人，所以對於逖利大使的熱烈要求祇作消極的反應。幣原又說，英國的措施，很可能導致與中國的戰爭，但逖利還是主張顯示英、日兩國強有力軍隊的存在，將使國民政府不敢攻擊租界。

一月二十一日，幣原外相約見逖利大使，正式拒絕英國的要求出兵。幣原認爲，英國把情勢看得太嚴重了。逖利表明英國的立場說，如果得不到日本的協力，英國祇有放棄上海租界，或者由英國單獨派遣陸軍予以保衞。幣原強調說，派遣陸軍，跟陸戰隊的登陸不同，在日本要有勅命，在樞密院審議時又不能守密，由之居留中國的日本人勢將面臨危險，而且可能引起騷擾。同時談到國民政府一再地保證不干涉上海租界，以說明日本爲什麼拒絕出兵。鮑爾溫內閣從一月十七日開始動員，決定由英國本土、地中海和印度出動大約一萬三千兵力到上海。當時，居住上海的英國人，約有八千人至一萬人之間。

爲了抗議英國出兵上海，國民政府拒絕預定於一月三十日完成的漢口、九江租界協定的簽字。陳外交部長等保證不使用武力收回上海租界，極力防止日本的共同出兵。與此同時，幣原外相於二月二日，以個人身份，勸告狄利大使說，爲着防止情勢惡化，英國所派遣軍隊不要登陸上海，而待機於香港。幣原很留意於國民政府內部激進派與穩健派的日漸分裂。二日，幣原對英國大使說，作爲國民政府使者來日的戴季陶屬於穩健派，而戴季陶是北伐軍總司令蔣介石派來的。此時，蔣氏的動靜最受人們注目，他於一月二十六日和二十七日，在廬山召見了小室敬二郎。

在這次召見中，蔣氏非難英國的出兵，並表明不把漢口的英國租界還給英國；不以武力收回上海租界，等到佔領杭州、南京等地以後，纔要作合理收回它的提議。他同時強調：國民政府採取委員制，對於鮑羅廷等蘇聯顧問的提案，國民政府作自主的決定，國民政府不但沒有受蘇聯利用，更沒有接受它的指導。對於小室問中國能不能與日本合作，蔣氏答說：中國人很難瞭解日本的眞意，不過如果能照幣原外相的演講實行就很好，而高估幣原的外交方針。所謂幣原的演說，似指他於一月十八日在第五十一次國會所作外交演說而言。由於蔣、小室會談中，有關滿州、朝鮮問題的部份很重要，所以擬引述如下。

小室：「您對滿州問題看法如何？」

蔣：「根據我們的主義，滿州也應該收回。唯對日本來講，在政治經濟上，滿州問題非常重要，我們又瞭解日本人在俄日戰爭中流過血的感情問題。我們也知道孫文先生對滿州問題有特殊的瞭解，因此我們覺得對這個問題應當予以特別的考慮。」

小室：「據說革命軍在援助朝鮮的獨立運動，這是否事實？」

蔣：「革命軍軍官中，有朝鮮人是事實，但這是因爲他們的頭腦明敏纔予以採用。朝鮮獨立黨將其本部遷來廣東，並確曾要求革命軍給予援助，但我們至今尙未予任何援助。解放被壓迫民族是我們的主義，朝鮮人如果也是被壓迫民族，我們自應該爲他們的解放而努力。」（一九二七年二月九日「時事新報」）

由此我們可以知道，蔣氏對於日本認爲最重要的滿州權益和朝鮮獨立問題，非常愼重。同樣於二月間，幣原對英國大使也說，在理論上蔣介石雖然很激進，但其行動却是很穩健，因此在幣原與蔣氏之間，可能於上海或者東京，似有充分的意思溝通。

三月二十四日，革命軍佔領南京時，發生了進入城內的革命軍襲擊日本領事館，對避難中的森岡（正平）領事、根本（博）武官等日本人施以「暴力、搶掠」的事件。同一天，英國總領事也受傷，死了幾個外國人。

在長江上的英美軍艦砲轟南京城，但日本軍艦沒有參加。南京事件的勃發，曾予日本輿論以很大的影響，但幣原外相却堅持其不出兵的方針。幣原認爲這個事件是，欲使蔣總司令垮台的國民政府內部激進份子的政治陰謀。他以跟列國一樣對南京事件採取強硬措施，等於促進穩健派的蔣氏沒落，幫助激進份子掌握政府和軍隊的實權，因而牽制英、美，極力擁護蔣氏立場。蔣氏於二十六日到達上海。此時，革命軍已經控制上海一帶，但以總工會爲中心的勞動者，却以糾察隊名義企圖武裝暴動，並獲得漢口國民政府的承認，組織臨時政府，而與革命軍（爲白崇禧所指揮）尖銳對立。

蔣氏於三月三十日，與矢田上海總領事會面，感謝日本軍艦沒有參加砲轟南京，並相約將好好地維持上海的治安。四月一日和二日，黃郛向矢田轉達蔣氏將抑制上海勞工糾察隊，和清除國民政府內部激進份子的意圖。四月十二日，白崇禧出動軍隊解除糾察隊的武裝，解散工會，鎮壓共產份子。

在東京，幣原外相於四月初，一連串地約見遜利英國大使，嘗試說服英國對革命軍採取緩和的方針。幣原的主要論點如左：

㈠對中國的軍事干涉，在事實上不可能。日本出兵西伯利亞時，爲其游擊隊傷透腦筋；如果出兵中國，中國的抵抗勢將更大規模而徹底實行。

㈡我們雖然可以考慮積極給予國民政府內部的穩健份子蔣介石以物質上援助，但如果這樣做，必使其受到責難，從而惡化局勢，故我們不能贊成。

從以上所述幣原外相的見解，我認爲，幣原不干涉中國之政策，遠比前述原敬內閣等之不干涉政策，富於彈性和成熟。這可以說是跟中國民族主義的發展相稱的。四月十八日，國民政府在南京成立，並激烈抨擊武漢政府和中國共產黨。

幣原的對中國不干涉政策雖然逐漸提高其水準，但支持或應該支持幣原外交的基礎却已經發生動搖，並要求它的修正。三月三十一日，日本的上海商業會議所，對日本政府等發出要求派遣陸軍，和加強與英、美之聯繫的激烈電報。從一月份以來，由有關中國之有力財界人士所組織日華實業協會，和大阪紡紗聯合會（這是迫幣原堅持「二分五厘」外交的母體），也日漸硬化其態度。日華實業協會於四月十九日，非難幣原外相說：「眼前的局勢，並不能徒捕幻捉影，祇以寬容應付」，並主張實現出兵外交。他們認爲幣原外交是捕捉「幻影」。在閣內，宇垣陸相也於四月七日，對若槻首相建議，如果袖手傍觀目前的中國情勢，中國將漸漸共產化，其浸透滿蒙也祇是時間的問題，因此應該掌握和封鎖山東、江蘇、浙江、福建、廣東等要衝，並在列強諒解之下共同供給軍費和武器與中國的穩健份子，使其壓下共產派。這無異是從閣內來排除幣原外交。由之若槻內閣於十天後，在政友會、樞密院等各方面的抨擊聲中，於四月十七日，提出總辭職。與此同時，這意味着日本對中國不干涉政策的終止。

# 結語

本文的目的，在於指出日本的對中國政策，迨至原（敬）內閣位於展開新局面的轉變期，而幣原外交（第一次）完成了其新方向。其新中國政策的目標是不干涉中國內政。原內閣以前的大隈（重信）、寺內兩內閣的對中國政策，前者之搞垮袁世凱的政策，後者援助段祺瑞的政策，都是意圖直接或間接支配中國內政，並付諸實施者。但在基本上，原內閣回避了大隈、寺內般露骨干涉內政。在寺內內閣時代，原敬曾對寺內首相這樣說過：「這是對他國自不必說，對社會也不能公開的，則從日本的利害來講，中國不變成文明國家，不富國強兵，都無所謂」，「中國的內部，表面上鼓勵其統一，實際上不統一也沒有關係，祇要不使其對我有惡感，縱令他們之間稍有爭吵，對我們不但無害，而且我們可以乘機收取利益」（一九一七年九月二十九日「原敬日記」）。換句話說，對中國，原敬擁有「表面的處置」和「內部的決心」。但如前面所述，在被暗殺之前，原敬所說現在我們求於中國和應該求於中國的是通商，通商最為重要，說明了中國內政的統一和安定，乃為日本所不可或缺。而從四國貸款團形成的經過，我們可以知道原敬對中國政策的重點，實往着重視中國統一的方面變化。亦即往「表面的處置」和「內部的決心」一致的方向發展。

對於原敬來講，把逐漸擴大的新局面全面地展開者，就是幣原外交（第一次）。有如原敬經驗了五四運動，幣原受到五·三〇事件的洗禮。幣原對於五·三〇事件的因應，沒有苛酷的成份。但繼五·三〇運動之後，因爲國民革命軍的北伐，幣原對於國民黨、國民政府這個統一中國的主體纔有明確的認識。這是處於軍閥割據時期的原敬所沒有的現象。國民政府以中國民族主義爲背景，日趨成爲統一中國的主體，而幣原對於以軍事力量抑壓中國民族主義幾乎不可能，有深刻的認識。更值得重視的是，他對中國確立了他國意識，把中國當做鄰國，我認爲是對中國不干涉政策的成熟。

這種不干涉政策，因爲繼幣原之後出現的「田中外交」而完全瓦解。是即一九二七年和二八年，兩度的隨便出兵山東，攻擊濟南城的暴擧，五·一八通告等等，一連串地實施軍事干涉的田中（義一）的中國政策，又走回到原內閣以前的大隈、寺內時代。一九二八年四月，建川（美次）少將要動身赴任北京公使館武官以前，對駐劄東京的英國武官希爾說，田中首相堅定信心：要解決中國問題，唯有採取干涉政策。建川與希爾見面的前一天晚上曾經跟田中面談過。建川更談到列強對中國勢力範圍的分割。因此希爾確信日本軍部企圖把中國分割成爲華南、華北、滿州三個地區。田中外交實有分割和統治中國的構想。

對於國民革命軍揷足滿州，田中以五・一八覺書（一九二八年）把它阻止了。於其前一天的五月十七日，田中約見了英美外交官並說，滿州有一百萬朝鮮人住在那裡，日本政府對於與殖民地朝鮮連接的滿洲治安，日趨擴大其紊亂，不能不關心。「救濟」居住滿洲的朝鮮人，是田中侵略滿洲的一個藉口。田中所懼怕的是，國民革命軍的北伐，將使朝鮮民族抱着其解放進而獨立的期待。前面所引述蔣氏對小室的談話，其所以故意回避朝鮮的獨立問題，無疑地是蔣氏明知朝鮮問題乃日本之中國政策的起點的結果。（譯註一二）

# 註釋

註一：吉野作造「對外良心的發揮」（一九一九年四月號「中央公論」，松尾尊兊編「吉野作造　中國・朝鮮論」，平凡社，一九七〇年，一四一頁）

註二：「東洋經濟新報」一九一九年五月十五日社論（「石橋湛山全集」第三卷，東洋經濟新報社，一九七一年，八〇頁）。

註三：內藤湖南「山東問題與排日的基礎」（一九一九年第九號「太陽」）。

註四：吉野作造「勿漫罵北京學生團的行動」，（松尾尊兊編，前書，二〇六頁）。

註五：內藤湖南「迄中國的統一」，（一九二〇年第一號「太陽」）

註六：內藤湖南「山東問題與排日的基礎」（前述）。

註七：矢野仁一「中國無國境論」（一九二一年十二月二十七日「大阪朝日新聞」）。

註八：神戶正勇「以平等觀創造新社會」（一九一九年五月號「改造」）。

註九：石橋湛山「華府會議與中國問題」（石橋湛山全集」第四卷，東洋經濟新報社，一九七一年，六九——七〇頁）。

註一〇：關於安直戰爭，請參閱藤井昇三「有關一九二〇年安直戰爭之中日關係的考察」（「國際政治——日本外交史研究」特集「中日關係的展開」，與林正和「張作霖軍閥的形成過程與日本的因應」（同前，特集「外交與輿論」）。

註一一：藤井昇三，前述論文。

註一二：「東洋經濟新報」，一九二一年九月十七日「小評論」（清水秀子稿「山東問題」所引）。

註一三：吉野作造「歸還山東的聲明與直接交涉的拒絕」（「東京朝日新聞」，自一九二一年十月十三日連載九天）。

註一四：栗原編「對滿蒙政策史的一面」，原書房，一九六六年。

註一五：池井優「第一次奉直戰爭與日本」。

註一六：小村俊三郎「中國的戰爭、思想及政治背景」（一九二四年十月號「改造」

）。

註一七：幣原平和財團「幣原喜重郎」（一九五五年，二六三頁）。

註一八：藤井昇三「孫文之研究」（勁草書房，一九六六年，二三八頁）。

註一九：關於上海、青島的罷工，請參考拙稿「日本與中國——大正時代，」（原書房，一九七二年）第三章一」。

註二〇：請參閱同書，第三章三。

註二一：吉野作造「時評滿洲動亂對策」（一九二六年一月號「中央公論」）。

註二二：山川均「時評」（一九二五年十二月號「改造」）。

譯註一：吉野作造（一八七八——一九三三），宮城縣人，東京大學畢業。曾任東京大學教授，政論家，對中國革命史頗有研究。

譯註二：石橋湛山（一八八四——一九七三），東京人，早稻田大學畢業。思想家、政治家，曾任首相，但祇有兩個月，因病辭職。

譯註三：內藤湖南（一八六六——一九三四），原名虎次郎，秋田縣人。秋田師範學校高等科畢業。曾任京都大學教授，其全集由東京筑摩書房出版。

譯註四：矢野仁一（一八七二——一九七〇），歷史學家，山形縣人。東京大學畢業，曾任東京大學副教授，曾執教於清朝的京師法政學堂，後來出任京都大學教授。

譯註五：神戶正男，未能查出其出身、經歷等等。

譯註六：犬養毅（一八五五——一九三二），岡山縣人。慶應大學肄業，曾任衆議員多年，擔任首相時，爲海軍中尉三上卓等槍殺，爲日本史上的五・一五事件。從此以後，日本走上侵略中國的道路。犬養毅對辛亥革命幫助很多，爲國父盟友。

譯註七：伊東巳代治（一八五七——一九三四），長崎人，政治家。曾任第二次伊藤博文內閣的書記官長，貴族院議員。

譯註八：虎之門事件是一九二三年十二月二十七日，現今的日皇尚爲攝政時，前往參加第四十八屆國會開會途中，遭遇到狙擊之事件。

譯註九：國父的演講文，係引述自中央文物供應社出版「國父全集」三集。

譯註一〇：山川均（一八八〇——一九五八），岡山縣人，同志社大學肄業，左派思想家。日本共產黨的創建者之一。

譯註一一：西原借款是寺內內閣對段祺瑞軍閥政府的借款，係指自一九一六年至一八年所訂三十四件，二億四千萬元當中，由寺內首相的私人秘書西原龜三與藏相勝田主計所經手的八件，一億四千五百萬元的部份。惟因沒有確實的擔保，段祺瑞把這些借款用於政費和軍費，加以段政權之垮台，日本終於未能收回此筆借款。由於這種原因，西原借款受盡日本國內和中國各界的責備。五四運動的目標，西原借款也是其中主要的一個。

譯註一二：文中，除必要者外，「支那」、「日支」等字眼，一律譯為「中國」、「中日」。

（將刊於「近代中國」）

# 四、「中日事變」前的中日交涉

## 華北工作

廣田弘毅於一九三三年九月，就任齋藤實內閣的外相；在一九三四年九月成立的岡田啓介內閣，仍然留任；一九三六年三月，他自己組織內閣。一九三七年二月，廣田內閣爲林銑十郎內閣所代替，但於該年六月間，又變成近衞文磨內閣，廣田三度出長外務省，繼而勃發中日戰爭，次年五月，由宇垣一成接棒。

換句話說，自一九三三年秋季以後，以至一九三八年五月間，廣田沒有身居內閣者，實祇有林內閣的四個月。在這期間，日本的外交，相繼發生天羽聲明、廢除華盛頓裁軍條約、華北工作、德日防共協定、中日戰爭等重大事件。我認爲把這個期間的日本外交政策，尤其是對中國政策的性格總稱爲「廣田外交」，在歷史上不是沒有意義。

惟關於這個時期日本對中國政策的情況，最近才有島田俊彥、秦郁彥氏等使用軍部資料的大作出現，所以現在還不是論究廣田外交的性格和本質的階段。（本文執筆於一九六一年—譯者）因此，本文的目的是，擬概述中日戰爭前，日本對中國政策的變遷，以提供若干的資料。

一九三四年四月十七日，外務省情報部長天羽英二所發表的所謂天羽聲明，就日本對中國政策而言，實具有重大意義。它警告中國不覆採取利用其他國家排斥日本，以夷制夷的政策；而列國對中國的共同行動，縱令在名目上是財政上的或者技術上的援助，必然擁有政治上的意味，因此日本在原則（主義）上反對列國這樣作。

該年春天，國民政府動員一百萬兵力，一百五十架飛機，從六月，在湖北、湖南、江西、福建各省，對共產軍同時開始總攻擊，十一月，攻陷赤都瑞金。因而對日本採取妥協態度，所以一九三四年似乎是，九一八事變以來，中日兩國之間唯一沒有戰鬥行爲的一年；也是一九三五年日本阻碍對中國提供國際貸款，以及以不斷的軍事壓迫以分離華北工作互爲交織的一年。

五月二十九日，天津駐屯軍參謀長酒井隆上校，往訪北平政務整理委員會委員長代理俞秘書長家驥和軍事委員會北平分會會長何應欽，通知最近滿洲國內中國方面的陰謀，對長城附近義勇軍的援助，以及在天津親日新聞記者之被暗殺，都是蔣介石反日工作的反映，日本把這些策動，視同義和團事變和九一八事變。同時認爲，這些需要把北平和天津包括於停戰地區，而親手交給如下四項要求：㈠蔣介石應該表明究竟把日本當做敵國或友邦，並放棄對日雙重政策；㈡憲兵第三團、軍事委員會北平分會政治訓練處（原文爲藍衣社政治訓練處，譯者根據上村伸一著「日華事變」一書把它改過來）、國民黨黨部，應撤出華北；㈢爲其背後之第二師、第五師等中央軍的撤退；㈣免河北省主席于學忠的職。酒井更說：「今天我不是來商量這些事情，而是來告訴日軍斷然的決心」。（北平若杉參事官五月二十三日的報告）

在另一方面，駐日大使蔣作賓於五月三十一日，往訪廣田外相，告知酒井上校之三項要求：㈠撤職于學忠；㈡解散藍衣社和黨部；㈢把平津地區編入非戰地區，並面告這些事項屬於中國的內政問題，中國將自動地把省政府移到保定，同時請廣田外相協助解決本案。

對於蔣大使的請求，廣田外相於六月一日回答說：「本案主要地關聯到停戰協定有關軍的事項，故不便以外交交涉行事。由於其屬諸應由現地軍憲處理的性質，故請由南京政府即刻與我派駐現地的軍憲交涉」。中國領土內中央軍的移動，地方長官的任免等內政問題，竟由日本的現地參謀長提出要求，對此中國欲以外交交涉謀求解決，但日本外相却以其屬有關軍的事項為理由，而予以拒絕。中國無奈，遂於六月十日接受日軍的要求，並於同一天發表睦鄰敦交令，告全國同胞以要與鄰邦日本更友好，違反者將嚴加處罰。日軍在察哈爾省又以一個小事件為藉口，令中國承諾宋哲元軍撤退到停戰協定線以西，憲兵隊、國民黨部和藍衣社之由察哈爾撤退，並以口頭取得察哈爾省之聘用日人為顧問，不妨害對內蒙德王工作的保證（土肥原・秦德純協定）。

如上所述，由於日軍的壓迫，華北的情勢日益緊張，而行政院長汪精衛和外交部次長唐有壬，則分別於六月十四日和十七日，向有吉明大使，在經濟方面以關稅問題、整理債務，政治方面以防止共產、取締「不法韓國人」為例，提出希望具體地決定中日合作的輪廓和內容的要求。爾後，外務、陸軍、海軍三省繼續協議有關中國政策，並於十月四日，在三相之間，獲得了如下三項的諒解：㈠徹底取締排日言行；㈡默認滿洲國與華北通融合作；㈢對於來自外蒙等赤化之威脅的合作。同時在其附屬文書，說明實施本政策時，也許會利用中國中央及地方政權令其互相牽制等中國政局的關係，但並不以助長或阻止中國的統一或分裂爲目的。

廣田外相於十月七日，跟蔣大使會談時曾經提出上述三原則，但這並非對於九月七日，蔣大使所提出中國方面的三條件：「一、中日兩國應該互相尊重國際法上的完全獨立；二、不得有不友誼、破壞統一和擾亂治安等行爲；三、一切事件，應以和平的外交手段解決，並即時停止外交機關以外的行動和隨便的壓迫手段」的回答，所以中國所希望的廢除塘沽協定、梅津・何應欽協定等，自是屬於日方考慮之外。

與日本華北工作的同時，英國計劃著列國對中國的共同財政援助計劃，現在我們來看看日本對此項計劃的對策。一九三五年二月二十五日，英國駐日大使克萊布（R.H. Clive）與廣田外相會面，以中國經濟的破產，似不可避免，且其情勢刻不容緩，而提議希望由跟中國關係最深的日本、英國和美國，就解決中國財政困難問題交換意見。

英國也徵求中美兩國對於列國共同貸款的意見，而中國汪院長則透過唐有壬對有吉公使說，中國希望先知道日本對這個問題的態度，與日本交換意見以後，擬採取共同的步調。有吉公使對日本外務省，就本案，建議此時日本如果反對共同貸款，將予中國以不良影響，所以視協定的性質，日本在原則上，以贊成共同貸款爲宜。

但廣田外相却於三月十一日，對其駐英大使松平恒雄訓令說，英國的態度，似欲藉協調等名義以束縛日本在東亞的特殊地位，所以要格外留意。與此同時，令有吉公使轉告中國，此時中國所應該走的，並非向外國告貸祇顧目前的容易道路，而是以專心一意，努力於自力更生爲第一要義，「若是，中國的情況改善以後，隨世界一般財界的好轉，借款問題等自會受到認眞的考慮，屆時日本將充分盡力」。

繼這個訓令於三月十八日，給有田的訓令明確地表示了廣田的意圖。換言之，廣田以處理本案的要點，擧出以下三端：一、不能令單獨地或共同地成立借款；二、不要招致列國會議等；三、不能使日本負借款不成立的責任；並指示由於日本無法與英美等作貸款的競賽，因此本案最好能使其不了了之。對華貸款問題，於半年後的九月，英國的中國經濟使節李斯・羅斯（Sir F. W. Leith-Ross）前往中國路經日本時，以更具體而緊迫的形態再度出現。李斯・羅斯於九月十日，與廣田外相會談之際，曾詢問廣田英日兩國有沒有可能共同貸款中國，同時提出中國正式承認滿洲國，反此滿洲國分擔繼承中國的對外債務，而由日本保證滿洲國以外中國領土完整的妥協案。

對這，廣田答說，滿洲問題以目前事實上的承認爲滿足；李斯・羅斯於十七日，向重光葵次官請求協助貸款中國以實行其幣制改革計劃，但重光以時機還不成熟而拒絕。李斯・羅斯眼看日本這種態度，遂通知對方英國也許將單獨實行幣制改革貸款，而結束在日本的會談，由之英日對華經濟合作終於未見天日。中國在英國支援下，於十一月十四日實行幣制改革，中國元便與英磅連在一起，由此加強了國民政府的統一力量，英國的發言力也隨之而擴大。

## 幣制改革與華北自治工作

一九三五年十一月的幣制改革，對於挽救「在外受世界不景氣的影響，在內因爲水災、經濟界衰微、市場之不安達其極點、商工業近乎崩潰」（孔祥熙財政部長民國二十四年財政報告）之中國經濟的破產有所幫助，應該受到正面的肯定。從一九三五年到三六年是中國經濟界的一大轉捩點。

由於斷然實行幣制改革，公債轉期的成功和農產物的豐收，中國經濟界纔逐漸克服其嚴重的蕭條，並似走上了復活景氣的道路。因此我認爲，無視或妨害因爲統一幣制，國民政府加強了內政上的掌握，瀕於崩潰之中國經濟界的恢復這些事實，而仍然繼續其分裂中國的工作，纔是日本對中國政策失敗的最大原因。

幣制改革以後不久，南京的須磨彌吉郎總領事對於國民政府內部的氣氛報告說：「由於實行了幣制新計劃，孔祥熙對職的應對，眞是滿面春風，反此，唐有壬、吳震修等人則暮氣沈沈，…唐、吳於六日對職抱怨說親日派的沒落已在眼前，其責任應歸於日方的逞強態度」（十一月七日到達廣田外相電報）。

幣制改革大約一個月以後，天津軍的酒井參謀長對杉山（元）參謀次長報告（十二月十日）說，新幣制的成功，「將令華北和西南完全放棄其從前的半獨立性，並將根本地導致日本對華北政策的覆滅」，由此可見當地不安的一斑。而為因應這種新局勢，日本所推動的對策是，以前就準備著的，促進華北五省的分離工作，擴大走私貿易，以惹起經濟混亂等等。

並且已於九月間，天津駐屯軍多田駿司令官，以「對華基本觀念」的小册子和談話的方式，宣佈了分離華北的方針，而引起各界很大的反應。該小册子說，中國四億民衆疲弊的病源，在於「貪婪至極之各軍閥的剝削」，特別是「國民黨閥蔣介石與浙江財閥合而為一的新軍閥空前而遞增的苛斂誅求」；並批評蔣氏一派的南京政權，不僅是日本敵人」，而且是人道上的「敵人」，全面地否定國民政府，表明了要成立華北五省聯合自治體的方針。

繼而於十月十三、十四兩日，在大連舉行武官會議，岡村（寧次）、多田、板垣（征四郎）、磯谷（廉介）諸將領均參加，他們大多似認為不能令中國統一（十月十八日岡村少將談話）。實行幣制改革以後的十一月十三日，南次郎駐滿大使曾向廣田外相極力建議促進分離華北的工作。他說：「十一月四日實行的幣制改革，乃蔣氏一派及浙江財閥為克服財政上危機，無視四億民衆的利益而行的，它從根破壞了以日本為盟主來確立東洋和平的基礎。為阻止它，應該乘此機會一舉實行華北工作，如果這樣做，勢將減半為英國貸款之擔保物的關稅剩餘及鐵路收入的價值，從而使幣制改革歸於失敗」。

而在事實上，關東軍集其兵力於山海關和古北口，作壓迫和促進宋哲元等發出自治宣言的示威。面對這種情勢，廣田外相於十一月二十六日，訓令有吉大使說，為與南京交涉，此時推進華北工作，在某種程度上製造既成事實比較有利，因此在適當時期，不妨令宋哲元公佈自治宣言。

對此，有吉大使對廣田外相的訓令表示疑義說，如果強行自治工作，勢必使欲與華北的現狀配合的蔣介石硬化其態度，廣田三原則的交涉，一時會陷於停頓。但根據廣田外相的見解，自治問題與有關三原則的交涉，完全是兩回事，必須截然區別，自治問題是中國的內政問題。換句話說，他一方面在華北借用軍的壓力推動著自治工作，另方面以它爲中國的內政問題，因而把它置於外交交涉之外，惟就廣田三原則，要求中國的具體方案。

天津軍之自治工作的主要對象宋哲元，曾對南京以因日軍的壓迫或許不得不發出自治宣言，而再三請求中央負責人的北上；迨至十二月一日，何應欽、陳儀等纔北上。國民政府交付何應欽的妥協案是：㈠與日本合作有關華北的防共；㈡新幣制對華北有些不適當的地方，故將予以適當的修改；㈢要使關內外人民間的經濟關係圓滑；㈣對於華北財政，將予相當的支配權限；㈤就對外諸懸案，必須作合理的現地解決；㈥基於以上所述，將起用人才，以行理想的政治等六條。

對於蔣氏新妥協六原則，有吉大使欲從大局上以這些爲基礎，以全面地調整中日關係，但土肥原賢二少將却以如果對這六原則採取善意的態度，將鈍化宋哲元的決心爲理由而反對，並認爲國民政府的腹案，與黃郛政權者實大同小異。此時的平津地區，處於

「因為日軍的集中，飛機的示威等等，平津的人心陷於極端恐怖，買賣完全停頓」（十二月七日，川越總領事的報告）的恐慌狀態。而且於十二月九日，以學生為首，舉行了停止內戰和反對日帝的遊行示威，情勢非常險惡。

在這種情勢之下，終於十二月十八日，以宋哲元為委員長，成立冀察政務委員會，而與日本於十一月二十四日強迫殷汝耕在通州設立的冀東防共自治委員會（十二月二十五日變成冀東防共自治政府），為華北情勢，畫了一個新的階段。日本的高壓攻勢，大大地刺激了中國當局，是不待煩言的，蔣氏於一九三六年一月十六日，與學生代表會面斷言說，對日戰爭雖然是時間問題，但現在中國比日本還是處於劣勢，所以不能冒失從事戰爭，但我們絕不屈服於日本，絕不跟日本簽訂毀損國家利益的任何協定。

## 冀東走私貿易

當時，除華北獨立運動外，予中國經濟的統一與恢復以重大打擊的是，經由塘沽停戰協定地區的走私貿易問題。由於日本人和朝鮮人大規模地從事於走私貿易，因此為中國財政最大收入之來源的海關稅，竟因此而減少了大約三分之一。冀東走私貿易，起始於一九三四年，因為美國的銀政策、銀價暴漲而產生銀的走私（輸出）。是即從一九三五年一月到五月，經過日本人和朝鮮人的手，銀越過長城，大量地流入滿洲；爾後以這些銀，從滿洲走私人造絲和糖等高關稅率的物品到華北。並且，其品種由人造絲、糖而擴大到毛織品、加工綿布和絲綢製品等等，迨至六月以後，「專事走私的朝鮮人，竟白天成群結隊，旁若無人地走私」（一九三五年十一月，天津日本商工會議所呈報）。

自一九三五年一月至八月，銀的走私量達一千九百萬元，由此居住山海關的日本人竟超過一千人，而且許多人在從事於嗎啡和鴉片的走私和秘密交易。以銀的走私而獲得的人造絲和糖，在滿洲的東羅城包裝以後，由日本人和朝鮮人指揮，以中國人編組苦力大隊，每人背著大約二十英磅的包袱，越過長城線的牆縫，或用幾十部馬車滿載人造絲和糖，三、四百人一群，由持有武器的人員警衛，串過長城的破洞而搬運。因此，在走私的大本營東羅城，經常五、六百到一千人的苦力，在那裡等著走私的「工作」。如此這般，滿洲國領域內鐵路最終站的萬家屯，突然變成奉山鐵路中主要的車站（滿洲國協和會山海關辦事處山海關走私始末）。

經由冀東地區走私貿易以劃時代之影響的是，當地日軍把塘沽停戰協定的效力延長到海上，並採取了禁止中國的武裝監視走私船，出入於非戰地區領海內的方針這件事。一九三五年九月，曾經發生了秦皇島海關的兩隻監視船，相繼被日軍秦皇島守備隊解除武裝，並被趕出去三海里以外的事件。中國汪外交部長對於日軍這樣的處置，以塘沽協定並沒有禁止武裝船隻的條款，所謂停戰區域祇限於陸上，不能包括領海。何況海關巡邏船之所以載武器，乃以防止走私，以穩固海關稅收爲目的，而與正規軍隊全然不同其性質。因而提出強硬抗議說：「日軍當局却完全曲解協定，藉口停戰區域，再三提出無理要求，使水陸海關的取締走私工作全失功效，這實無異庇護非法走私者，鼓勵其犯罪行爲」（十一月十九日）。

但日方却不理他，因此中國海關的監視走私機關，海陸都被解除武裝，走私由之半公開化，於是大量的商品，遂由海陸兩路（秋季以後主要地由海路）湧進冀東地區。一九三六年一月，走私業者與前一年年底成立的冀東防共自治政府保安隊發生衝突，而以解決這個事件爲轉機，冀東政府獲得當地日軍的同意，以完全接收海關以前的權宜辦法，實施低關稅率，以統制走私，俾能籌措該政府的財源。換句話說，二月下旬，冀東政府對於糖、人造絲等一般商品以正規關稅大約四分之一的稅率開始徵稅，而公認了走私貿易。

此時的走私辦法，不是用前面所述，由陸路以人背包袱的原始方法，而是從大連以一百公噸左右的石油發動機船（八十隻以上），及一千公噸至兩千公噸的輪船，載滿商品到冀東政府所指定的地點，向檢查所提出船貨證明，但檢查所並不檢查就予以課稅，准其起貨，所以冀東政府之檢查徵稅是形式上的。因此，就華北走私的情形，「倫敦泰晤士報」評論說：「走私雖然是很神秘的行業，但對於今日華北的走私者來講，它並沒有太大的魅力。因爲在警察保護之下，他們並不需要熟練和勇氣」（一九三六年五月十八日）。

一九三六年三月十三日的「上海日日新聞」，估計一九三五年度的走私輸入總額，達到正式輸入額的三五％左右，同時說由於該年度中國輸入額是九億二千萬元，所以走私輸入額應該在三億一千萬元以上，因此從海關稅收二億五千萬元來看，是大約八千萬元的減收。中國財政部於五月間所發表的數字也大同小異。它說從一九三五年八月到一九三六年四月的關稅損失大約二千五百萬元，單四月份的減收則達八百萬元。因此，一年的輸入減收將達一億元，等於全部輸入稅收的三分之一。總之，這樣大規模的走私，是中國海關史上空前的事，所以也就予國民政府財政以非常大的影響。

美國駐華大使詹森，於一九三六年四月底，曾就走私問題的嚴重性，向美國國務院報告說：「隨心所慾的走私業者的活動，導致了貿易的混亂，並予華北海關稅收以悲慘的影響，這種狀態並沒有早日恢復的徵候；而目前的混亂，甚至於令人懷疑這是要減低國民政府對華北財政經濟之支配力的有計劃陰謀」（F.R.1936,P.172 ）。英國駐日大使克萊布，於五月二日往訪有田八郎外相，對他提醒說，走私的繼續，將搞垮中國的正規貿易，進而威脅外債的安全。有田答覆克萊布說，走私的根本原因在於「不當而高率的關稅制度，和地方當局不熱心於爲中央政府之收入的關稅收入」，並以在華北，因爲國民政府沒有給所約定的政務費，因此便不用心於不歸地方收入之關稅收入作例子。

惟由於中國當局的加強取締，六月以後，走私便逐漸減少（但於九月，冀察政權以徵收八分之一的稅爲條件，准許把走私品運到內地，因而一時又增加起來），加以日本的正式輸入業者一再地抱怨，因此日本遂於六月初旬，在天津軍池田純久參謀和毛利囑託列席之下，召開時局委員會有關官廳座談會，決定如果南京政府同意把由河北省關稅收入，扣除外債負擔部份和維持海關的剩餘，交給冀察政權的話，將廢止冀東走私貿易的方針；與此同時，令冀察政權向國民政府要求降低關稅（自一九三一年以後，上昇二〇%以上的商品降低二〇%，至於糖、人造絲、毛織品等，則降到一九三一年的固定稅率）。

把關稅收入的剩餘交給冀察政權，以及全面地降低關稅等，則被穿插在八月中旬廣田內閣所決定的對華政策方針裡，而成為張群・川越會談的一個題目（後詳），而張群外交部長於一九三六年五月十五日，對若杉代理大使所提出抗議的一段這樣說着：「……在山海關等地，日鮮走私者，都携帶武器，海關員如果盤問他們，或扣留其走私物品，他們便立刻動武，以武器刺擊，搶奪貨品，屢次使海關員受重傷，其橫暴無法，實令人駭聞……其情勢之惡劣，數目之龐大，實為海關史無前例……云云。」

是即走私貿易問題，導致華北的無秩序狀態，從而增強了中國人的反感，其結果是：「如果從要對抗英國以幣制改革為骨幹，來支援南京政府，而欲以冀東貿易以打破現行關稅制度中英國的優越地位，進而促進華北經濟能脫離中央這個觀點來看，實遠沒有實際的效果」（「支那經濟年報」，北支那特輯，四四六頁）。

## 西安事變

一九三六年，因為二・二六事件，岡田啓介內閣垮台，繼而成立廣田弘毅內閣，就任駐華大使祇有一個多月的有田八郎接任外長（四月二日）。廣田內閣於四月十七日的閣議決定陸軍省所請議的增強「北支駐屯軍」案。北支（華北）駐屯軍的兵力，一向是兩千人左右，但乘五月中旬交替的機會，將增加爲五千人，並將充實其裝備。外務省考慮到：由山西省進來的中共軍的威脅，能爲外交交涉之後盾的暗默中的威脅，以及能抑制關東軍之介入華北等等，而贊成陸軍案，以閣議決定，並於五月中附諸實施。華北駐屯軍的增強，突然刺激了中國方面，因此在華北，學生們，掀起了反對日本增兵的遊行示威。

有田外相起用天津總領事川越茂爲駐華大使，並令南京的須磨總領事與張群外交部長和高宗武亞洲司長接觸，檢討根本的對華方針。由此於八月七日和十一日，廣田內閣決定了「帝國外交方針」、「第二次北支處理要綱」、「對支實行策」等一連串的重要外交方針。在「帝國外交方針」裡頭特別值得我們注目的是，對於蘇聯和英國的態度。它強調對蘇政略的重要性說，蘇聯穩步的發展和強大，「成爲帝國國防的直接威脅，和貫澈東亞政策的重大障碍，因此當前外交政策的重點，應該是設法使蘇聯侵略東亞的企圖歸於挫折，尤其是要消除軍備上的威脅，和阻止赤化的侵入」，而從以後廣田內閣的鑒於上述八月中旬一連串之政府決定的重要性，外務省特派太田一郎事務官（即秘書官－譯者），自八月二十二日至二十四日，召集川越大使、西偉一天津代理總領事，武藤書記官等華北主要館長開會於天津，以說明政府的新外交方針。在二十三日的會議，陸軍的影佐禎昭中校也出席，此時影佐對川越的詢問答說，無論從那一個觀點來看，日本都不可能戰勝蘇聯，並強調要避開與英美抗爭的方針。陸軍之集中全力以挽回對蘇劣勢，以及廣田內閣把外交政策的重點放諸「使蘇聯侵略東亞的企圖歸於挫折，尤其要消除軍備上的威脅，和阻止赤化的侵入」的結果，於十一月，簽訂德日防共協定，在「對支實行策」成爲締結防共軍事協定和中日軍事同盟的重要要求條件。

但中國的情況，是不是能應「對支實行策」所列日本的要求？國民政府在「安內攘外」的方針下，傾其全力剿共，因而於一九三四年，中共軍不得不放棄江西瑞金的根據地流竄西北，中央政府的控制力，及於雲南、貴州、四川等地。一九三六年夏季，最後的反蔣勢力廣東也進入南京政府的勢力之下，蔣介石政府在政治上和經濟上，大大地增強了其統一力量。

在另一方面，流竄陝北的中國共產黨，於一九三五年八月一日，提倡抗日人民戰線，主張停止一切內戰，集中所有力量，為抗日救國而奮鬥。中共的建立國防政府，成立全國抗日戰線的運動，曾予痛恨因為日本的分離華北工作，和冀東走私貿易而妨害國家統一之中國各界人士以很大的影響。一九三六年是所謂抗日人民戰線運動非常高漲的一年，在各地成立抗日救國團體，七月，全國救國聯合會代表沈鈞儒、章乃器等前往南京，要求停止內戰，對日抗戰和言論自由等等。國民政府雖然繼續剿共，但國內澎湃的抗日風潮的抬頭和反對內戰的要求，獲得了不能忽視的支持。在這樣風潮中，抗日恐怖行為發生多起，八月二十四日，在成都，日本新聞記者等兩人被襲擊死亡，九月三日，在廣東省北海，日本人被殺。

廣田內閣欲利用前述成都事件作為調整中日國交的機會，因而於九月五日，電示長文的方針，訓令川越大使開始交涉。其主要內容為成都事件乃中國方面蹂躪睦鄰敦交令之精神而引起，所以要求國民政府根絕一切排日，負責嚴禁國民黨等團體的排日策動，為表示誠意，即時解決重要懸案（航空聯絡，降低關稅）。日方由川越大使和須磨總領事，與張外交部長和高亞洲司長開始交涉，並於九月十九日，就調整國交，提出了航空聯絡、逮捕「不法韓人」，降低關稅、招聘顧問、共同防共和華北問題等六個項目。

對此，張外交部長於九月二十三日答說，中國反對在華北建立獨立或半獨立的政權，但贊成在自山海關至張家口、綏遠、包頭之線以北共同反共，和在冀察兩省從事經濟合作，中國對於其他項目也有所妥協，但同時提出了五項要求。即取消塘沽停戰協定和上海停戰協定、取消冀東政府、停止自由飛行華北、停止走私、和解散察東及綏遠北部的僞軍。爾後曾有幾次會議和折衝，而於十一月十日川越・張群會談時，張氏說，華北防共問題，以取消冀東政府，解散綏東僞軍；航空聯絡，以停止自由飛行華北爲條件。

但在這時候，由於關東軍的支援工作，內蒙古軍開始軍事行動（綏遠事件），所以交涉完全陷於僵局，於是北上中的蔣氏遂透過高司長，於十一月十八日，特告川越大使說，祇要綏東工作繼續存在一天，南京交涉就很難成立，繼而川越・張群交涉便決裂。內蒙古軍遭受到中國軍的反擊，而一敗塗地，百靈廟也陷落；綏遠事件使中國的抗日形勢更加高漲，中國各地掀起鼓勵和慰問綏東將士的基金運動，尤其是於十一月二十四日，因爲中國軍在百靈廟得勝，基金運動獲得了熱狂的支持。

而在這種風潮之中，突然發生，並予國民政府的對內外政策以重大影響者，就是西安事變。十二月十二日，駐紮西安的張學良舊東北軍叛亂，並監禁當時北上住在彼地的蔣介石氏。張學良與楊虎城聯名所提出的要求是：㈠改組南京政府；㈡停止一切內戰；㈢即時釋放在上海逮捕的愛國領袖；㈣釋放全國的一切政治犯；㈤保障集會、結社等自由；㈥開放民衆愛國運動；㈦實行國父的遺囑；㈧即時召開救國會議等八個項目。南京政府一接到張學良叛變的消息，十二日當天就決定行政院和軍事委員會的負責人，任命何應欽爲討逆軍總司令，準備討伐張部。但孔祥熙和宋子文等主張妥協，而由唐納、宋子文、蔣夫人等到西安折衝結果，於二十五日，蔣氏重獲自由，並與張學良一起回到南京。

蔣氏之被監禁，震驚了全世界，由於日本是抗日容共政變的主要目標，所以受到更大而複雜的衝擊。事件勃發以後不久，日本政府便訓令其有關機關，以爲其因應事件的根本方針。它說：「防止赤化勢力侵入東亞，乃是日本國策的要旨，因此無論南京政府或者地方政府，如果標榜容共聯俄的話，（日本）帝國不能坐視」。川越、張群交涉失敗，內蒙軍崩潰，抗日意識正在高漲時，日方當然無法坐視國民政府走上容共的道路。

十二月十五日，外務、陸軍、海軍三省的事務當局擧行會議，由陸軍磯谷軍務局長、海軍豐田軍務局長和外務桑島東亞局長等出席，協議有關西安事變的對策。會議以陸軍案為中心交換意見，而陸軍案在其開頭就以南京政權及各地政權，如果更激起容共反日的風潮，進而侵害日本居民的安全和權益的話，「並不躊躇發動自衞權」為方針。它更聲明南京政府的內外政策違反助長一般民衆的幸福，並列擧防共協定的範圍應及於華北五省，綏遠的反共化，列國行動的監視等要領。

但外務省却認為情勢微妙，因而反對以聲明攻擊南京政府，同時強調此刻如果促進華北內蒙工作，很可能以西安事變為轉機而阻止中國內部的自消自滅作用。外務省的所謂中國內部的自消自滅作用，似乎意味著期待以西安事變為主因，在中國展開內戰，幾乎要達成統一的中國，又將陷於混亂，所以如果此時予以壓迫，恐怕會朝抗日容共的方向，促進其妥協和統一。

在另一方面，面臨西安事變的發生，英國最懼怕的是，蔣氏萬一身亡，中央政府將弱體化，又因大規模的內戰，中國將再次陷於混亂和無秩序。因為這將威脅因得英國支援而逐漸奏功之中國法幣的安定，從而根本地推翻正在復蘇的中國經濟界。英國駐日大使克萊布，於蔣氏尚被監禁在西安的十二月十九日，往訪堀內次官，以如果保障張學良的生命安全，蔣氏可能獲得釋放，因而提議由列國保證張學良的安全和出國旅行，並說孔祥熙等人也贊成這個提案。對於英國大使的此項提議，有田外相於二十四日，以南京政府本身對張學良問題的意見並不一致，亦即孔祥熙等人因爲急於拯救蔣氏，而似願意與張學良妥協，但其他人却主張討伐張學良，加以日本認爲張學良在強迫南京政府採取容共抗日政策，因此答覆說要保留態度，而沒有贊同英國的提議。但英國的提議，却獲得了美國、法國和義大利的同意，各國並於二十三日和二十四日，向孔祥熙代理行政院長提出。

蔣氏於十二月二十六日，在全國上下熱狂的歡迎聲中回到南京。同行的張學良，由特別軍事法庭，受到監禁十年，褫奪公權五年的判決。關於蔣氏之獲釋，在蔣、張之間有何諒解，不得而知，而在南京政府，宋子文等之妥協工作，乃個人身份所爲，政府似採取了不過問的方針（張群氏對川越大使的談話），不過據說，宋子文所斡旋蔣、張妥協條件中，有加強抗日政策、改組政府、與共軍停戰等等。

在觀察西安事變的影響這一點，而受到各國注目的中國國民黨第五屆中央執監委員會三中全會，自二月十五日至二十二日，召開於南京。二十一日的第六次大會，通過了「根絕赤禍案」，它所提出對於共產黨的目前條件是：一、取消「紅軍」；二、取消蘇維埃政府；三、停止赤化宣傳；四、停止階級鬥爭。這些條件與三中全會閉會後蔣氏所發表談話中，有關開放言論、集中人材和釋放政治犯，有人認爲是前述張學良的八項要求，和中共於二月十日所發出「致國民黨三中全會書」的答覆，而由此成立事實上的「國共合作」，進而踏出結成抗日民族統一戰線的第一步。如此這般，對日戰爭的實現，遂祇以中國方面的完成準備，以及日本對中國政策之後退前進這兩種因素，以調整其時間而已。

## 以至盧溝橋

一九三七年的中日交涉，始於試探前一年十二月之西安事變的影響。多年來服務於南京的須磨總領事調職，他於一月二十日向張群外交部長辭行時，張氏說，當前中國要人中，雖然有所謂人民戰線的主張，但蔣氏和他，却都是站在欲避免與日本的衝突，以恢復中國之平等地位的立場，所以應該獲得日本的支持纔對。惟爲此，日本必須先撤回過去非法所製造的既成事實，和嚴禁將來不再從事此種策動，最低限度要對中國保證平等的地位，並強調，中國要完成統一的行政，因此日本必須停止違反這個宗旨的一切行動。現在，我準備介紹詳說張群外交部長談話之要旨的須磨總領事談話，以一瞥當時的中國狀況。

須磨總領事於一九三七年年初，由南京回日本，四月調往美國，而於二月間，在日本外交協會第六特別委員會秘密會議席上，作了一次題名「西安事變後的中國一般情況」的演講。首先他指出，最近的特徵是中國開始輕視日本的對華壓力。他說：「簡單來講，最近中國開始輕視日本的壓力。一句話，則小看日本」。原因是，中國人以為，「最近日本患了恐蘇病。因此中國大可以放心」。

須磨總領事的這種觀察，不是完全沒有道理。因為在一九三六年八月，召開於天津的「華北主要使領館館長會議」席上，代表陸軍出席的影佐中校，對於川越大使有關蘇日兩國軍備的質問很悲觀地答說：「就是從物質方面來看，很遺憾，現在（日本）還打不過蘇聯。尤其空軍不足。……我們預定在一九四一年以前完成戰備，所以要設法把對蘇戰爭拖延到那時候……但縱令到一九四一年，還是不能斷言一定能勝」。因此，日本懼怕蘇聯軍事力量的情報，確是加強中國對日態度的一個原因。一九三六年四月底，李斯・羅斯也對詹森美國大使說，面對蘇聯軍備的完整，日本斷念了對蘇戰爭（F.R.

1936,P.134 ）。

須磨又說，最近中國政情的另一個特徵是，在西安事變的經過以及爾後的情勢中，中國方面明確地認識英國對國民政府積極而有組織的援助，「英國會援助中國，老實說，我獲得了英國不會坐視不救蔣政權的印象」。至於中國國內的情況，他說：「中國自前年十一月以來，由於充實軍備，尤其努力於軍事訓練的結果，軍隊的樣子和士氣，都完全變了，特別是中國各方面的年青人，都充滿了要肩起國家責任的熱情」。須磨的意思是說，中國內部的國家主義運動加強了，中國的青年軍官，主張充實和強化對日本的軍備。

對於須磨離任時，孔祥熙等坦率表示對日見解，須磨這樣說明着。它跟前述須磨・張群會談的內容差不多一樣。孔祥熙說，在中國大致有三種對日見解：第一種是楊虎城所主張的人民戰線，這是少數意見；第二種是主張澈底抵抗日本，爲此不惜使用武力和容共，這一派勢力最大；第三種是蔣介石、張群和孔祥熙的主張，是主張儘量避免與日本發生摩擦，企求日本對中國的平等地位，但他們却開始覺得抵抗日本已不可避免。孔祥熙並說：「希望日本能夠取消過去非法所製造的既成事實，並保證將來不再有這樣的行動。祇要日本答應這兩件事，以蔣介石爲首的國民政府派將積極地運動」；孔氏又說：「對於冀察的現況中國也不滿意。中國企望完成行政權的統一。從完成統一的行政權這個觀點來看，冀察是最不完整的存在。我們希望使它完整。如果不能達到這種希望，今日中國無法與日本對談」。

孔祥熙的這些話，很値得我們注目。是卽除非改善華北的現狀，沒有與日本交涉的餘地，乃是當時中國的一般風潮；至於日本所意圖的經濟合作，祇要日本堅持華北的現狀，是非常困難的。須磨驚訝說，中國最近不但談到冀東和冀察，而且更談及滿州國的問題。因此日本如果後退一步，從中國輿論的高漲看來，很可能發展到解除滿州國的局面。反此，日本之不能接受這種要求，也是顯而易見的，而我之所以談須磨的演講這麼多，是爲了方便瞭解當日中國的一般情形（須磨的演講是油印的，由日本外交協會分發一小部份）。

由於廣田內閣辭職，宇垣上將拜辭組閣，於二月二日，始成立林銑十郎內閣。起初，由首相兼任外相，迨至三月三日，纔任命佐藤尙武爲外相。林內閣考慮前一年年底川越・張群交涉的失敗，以及西安事變的經緯等以後樹立了其中國政策，而其基本立場是欲承認逐漸加強其國家統一的國民政府。

三月二日，堀內謙介次官與許世英大使會談，就日本的新方針說，日本目前不擬採取欲一舉解決兩國間之各懸案的有田外相方針，而希望從兩國之間意見最接近的問題去解決，而逐漸進到困難的問題，他並提議譬如以孔祥熙財政部長在原則上也同意的降低稅率問題爲開端，然後再談防共問題和顧問問題。而根據這個方針，在各省之間一再協議而成的，就是於四月十六日，在外務、大藏、陸軍、海軍四省之間所決定的「對華實行策」和「華北指導方策」（原文爲「對支實行策」和「北支指導方策」）。這個案的要旨是，對於南京政權及其所領導的統一中國，要採取公正的態度；要顧慮到該政權的面子；對於華北，實質上要其確認它的特殊地位，但日本不做擴張停戰區域、推進滿州國國境和華北的獨立等政治工作，這可以說是日本對華政策的「後退」。

換句話說，它以南京政府如每月給冀察一百萬元，日本將廢止冀東特殊（走私—譯者）貿易和廢止自由飛行華北（惠通公司在冀察政權範圍內的航空不在此限）爲條件，以開始福岡上海間的航空聯絡的實現，和日滿德航空聯絡的交涉。這些方針，雖然意味着對華北政策的停滯不前，並非以中國所希望變更或取消現狀爲目標，但在諒解作爲中國之統一政權的國民政府立場這一點，比諸以前的對華政策，實有其特色。四月三十日，佐藤外相對吉田茂駐英大使和齋藤博駐美大使，就前述四月十六日所決定中國政策的趣旨，作了如下的說明：

「如你所知道，中國的國家主義運動，以綏遠事件和西安事變等爲轉捩點，日趨激烈，南京政府因巧妙地利用這個運動，以標榜對日強硬方針，而着着強化其政權，並有着統一中國的實績（南京政府因爲強化其抗日精神，中央化地方政權，以幣制改革重整財政，引進外資以促進建設事業等等，而在統一國內有顯然的進展，可以由西南問題的解決，西安事變的經緯等窺悉）……」。

而面對中國統一化的落實，日本所重視的方策，就是接近英國的方針。這個訓令強調，由於中國的對日態度，大多基於日本所面臨之全盤性的國際關係，特別是蘇日關係的現況，以及日本在中國的孤立狀態，所以爲強調中日國交，與中國的交涉，必須同時調整與列強的關係，尤其需要跟中國利害關係最深的英國，開始具體的交涉，以達到某種諒解。惟沒多久林內閣就倒台，並於六月四日成立第一次近衞內閣，而廣田弘毅就任外相以後，仍然繼續林內閣中國政策的兩個基本路線：逐漸解決懸案和對英合作。亦即廣田外相於六月七日，一上任接見外交團時，對比利時大使的質問答說並固執廣田三原則，同時對英國代理大使特別表示，可能的話希望在三個月之內，秩父宮（日皇胞弟——譯者）回國以前（秩父宮因參加英皇加冕禮正在英國），能夠達成某種諒解。

六月二十一日，英國交給日本駐英大使吉田茂的覺書說，人在英國的孔祥熙曾經對英國要求借款二千萬英磅，英國則準備同意貸款一千萬英磅，但以中國能夠創設獨立而無政治性（non-political）的中央準備銀行爲條件。對於這筆貸款，英國要求日本作善意的關照。關於這個爲維持中國幣制而行的英國的經濟援助，於七月五日，川越駐華大使曾經呈報建議似應同意，這是爆發蘆溝橋事件的前兩天，殊值吾人注目。

川越認爲，日本之參加英國的對華貸款，乃爲「趕緊轉變自九一八事變以來所堅持的對華根本方針」，現在最爲適當。川越的意思是說，中英兩國携手的強化，不是日本區區的工作所能阻止，迄至目前，日本所採取中日兩國間的事唯由中日兩國去解決，和不承認列國對華援助的作法，在今日的政治情勢中，已經行不通，相反地，日本進而承認英國的主動，參與對華貸款，較比有利，而且唯有這條路纔走得通。

但是，爲問題之焦點的華北的現狀，祇是日本對其中國政策稍微修正就可以收拾嗎？對於華北的情況，美國駐華大使館參事洛克哈爾特的報告（四月二十二日，F. R. 1936, pp. 71-73）說，河北的宋哲元軍，其數目達六萬至十萬，軍備更加充實，抗日意識仍然旺盛，並預測說，如果在河北發生衝突，中央軍一定北上援助宋哲元軍，如果中央軍不援助河北的衝突，連保守的知識份子也都將唾棄國民政府。他且警告說，在河北發生衝突的可能性還是存在，它很可能成爲大規模的戰亂。

跟河北一樣，在爲華北之焦點的山東，由於青島市長沈鴻烈的請求，中央軍以稅警團的名義，配備於膠州灣、芝罘、羊角溝方面，自此以後，在青島，中國人的侮日態度遂爲前所未有，並處處張貼着抗日標語。就這種情勢，青島的大鷹（正次郎）總領事，於六月六日報告說：「一旦在此地發生武力衝突，它跟上海事變不同，恐將導致整個華北或者中日全面的衝突，這是陸海軍一致的看法」；它又說：「冀東、冀察的還原，除非有重大的理由，在今日已經不可能實行，但如果因爲中國的實力威壓而消滅，華北居民的信譽勢將掃地，中國的傲慢必蒸蒸日上，滿州國賴於存立的基礎，將爲之動搖，這是顯而易見的。」

是以日本駐華的外交官，都認爲中國的要求，將發展到取消滿州國的地步。而二月十日，青島的陸軍武官，呈梅津（美治郎）次官和西尾（壽造）參謀次長的電報之說：「最近各方面的侮日態度都很顯然，……今日日本如果後退一步，將導致彼前進數十步，從而被迫不得不戰爭，如對中國稍微採取道義政策，勢必如是」並非誇張。

以上我簡述了中日戰爭前的中日關係，我們如果比較這個期間日本的中國政策和英國的政策，李斯・羅斯於一九三六年四月所談如下的一段話，誠令人深思（F. R. 1936, p. 135）：

「（日本）如果繼續這種政策下去，不僅將爲中日兩國國民帶來悲慘的結果，在不久的將來，他們將在他們手中發現腐爛成爲殘骸的中國」。（原載一九八六年四、五、六月號「日本研究」）

# 五、日本外務省與中國政策（一九三一年—一九四一年）

## 前言

在遠東國際軍事法庭被判處死刑之唯一文官廣田弘毅的傳記（註一），於一九六六年問世，而自一九三四年至三六年春天，擔任過日本外務省東亞局第一課課長的守島伍郎，在其跋文則這樣寫着：廣田出任外務大臣時是軍部專橫的時代，且因爲軍部的輕舉妄動而終於導致日本的滅亡；日本外務省雖然曾經拼命努力於抑制危險萬狀之軍部的行動，但未能見效。他並說，而在外務省擔當這個苦業的典型的代表人物是廣田弘毅。

所謂苦業，守島認爲：「正面反對軍部的行動並非苦業，因爲這樣做，並不能達到抑制軍部的目的。舉凡正面反對軍部者，不是立刻被去職，最壞時可能被暗殺。退職或暗殺，固然爲大丈夫所甘心忍受，但退職或暗殺以後將是什麼光景呢？就是唯軍部的命是從者擔任外務大臣和總理大臣。若是，自不能達到抑制軍部的目的。因此，無論怎樣日本外務省之開始培養專門的外務職員，亦即外交官和領事官，實始於勃發中日戰爭的一八九四年。第一屆三人，第二屆五人，第三屆二人，第四屆四人，於是而有外交官、領事官考試的極少數人才走上這條光輝的道路。幣原喜重郎是跟小池張造等人爲第四期，於一八九六年考取的。而幣原又是考試及格者中，於一九一五年十月，第一個出任外務次官，於一九二四年六月，首任外務大臣者。在這種意義上，幣原可以說是職業外交官的代表。

外交官、領事官考試及格的，從一八九四年到一九〇三年的十年之間，一共是五十三人；由一九〇四年至一九一七年的十四年，共有七十四人。在這次的硏究對象時期，佔了外務省首腦部的是這個後半段的及格者。如果依年代順序來講，則爲如次：松岡洋右（一九〇四）、佐藤尙武（一九〇五年）、廣田弘毅（一九〇六年）、有田八郎（一九〇九年）、齋藤博（一九一〇年）、重光葵、蘆田均、堀內謙介（一九一一年）、東鄉茂德（一九一二年）、白鳥敏夫（一九一三年）（括弧內數字係考取年度），這些人自一九三一年至一九四一年期間，曾出任了大臣以下司處長級的位子。

從第一次世界大戰期間的一九一八年，外交官、領事官考試變成了高等考試外交科考試，而從這一年，大增錄取名額。這似乎是因爲隨日本在國際上地位的提高，而企圖大量培養外交官所致。一九一八年錄取二十三人，一九一九年二十四人，一九二〇年三十七人，一九二一年三十七人，四年之間，錄取了一百二十一人。幾乎等於自一八九四年至一九一七年二十四年之中所錄取一百二十七人的數目。國際地位雖然提高了，但這樣的驟增，自然導致人事的阻塞。在勃發太平洋戰爭之前，中日戰爭期間，佔着外務省課長級位子者，大致是在這個時期考取的；而如後面所說，他們形成了一個勢力。

如此這般，外務官員形成了特殊而閉鎖的專家集團。如果與大藏、商工等省官員比較，他們很少有轉到一般社會的機會。譬如遞信省官員之轉到廣播公司，鐵路省官員之轉進私營鐵路公司，商工省官員之……都各有其去路，但却「沒有比外交官更沒辦法的官吏」（註三）。而外務官員本身，對外面來的，也很閉鎖而排他，這可以他們對宇垣一成、野村吉三郎（譯註二）所採取的態度獲得證明。昭和初期之外務官員的代表人物有田八郎認爲，令宇垣出任外務大臣是一大失策。

有田之說「該釘釘子的地方不釘，很多事鬆鬆懈懈，外務省還是外交本行出身者摸得最清楚，否則將發生無法挽回的損失，眞是糟糕。」（註四）可以說是外務官員的專門意識，亦卽閉鎖性的典型。

至於外務省這個機構，也是以第一次大戰以後的一九一九、二〇年爲一個轉機。簡言之，除原有的政務局和通商局之外，於一九一九年設立了條約局。一九二〇年十月，政務局分成亞細亞局和歐美局，同時於該年四月間新設了情報部。昭和初期，係由亞細亞局、歐美局、通商局、條約局、情報局、文化事業部和官房所構成。

迨至一九三三年十二月，創立了調查部；翌年六月，歐美局劃分爲歐亞局和美國局，亞細亞局更名爲東亞局。爾後的主要變化是，於一九四〇年成立南洋局，同年，情報部合併到內閣情報局，文化事業部爲東亞局所合併。從一九三四年至四一年，在東亞局和美國局工作者，皆爲五、六十個人，幾乎相同；可是如果比較在美國和中國工作人員的人數，在美國的工作者，自一九三四年的七十人，於一九四一年祇增加到八十二人；但在中國的工作人員（不包括「滿洲國」），却從二百三十二人陡增到六百一十四人。因此在外務省，在中國工作或工作過人員所佔比率最大，也是很自然的事情。

## 內田外相的登臺

在昭和的外務省，成爲一股勢力的，有以有田八郎（譯註三）爲首的集團。一九二七年九月，因有田就任亞細亞局長，這個集團遂被稱爲亞細亞派。當巴黎和約之際，從外務省隨員裏頭產生外務省革新運動，並組織主張擴大和加強外務省機構，培養外務省官吏及開放門戶的外務省革新同志會，而由於其中心人物也是有田，因此這個集團也被稱爲革新派。有田派的主要份子是重光、谷（正之）和白鳥。

亞細亞派以外之外務省的主要分子被稱爲歐美派，幣原、出淵（勝次）、佐藤、廣田等是。惟有田號召組織革新同志會的時候，率先贊成的是當時服務於華府的廣田書記官，又由於在華府時，幣原大使比廣田更重視早其一期的佐分利貞男書記官，更因爲廣田與玄洋社（譯註四）的關係，廣田跟革新派也很近，因此其立場比較微妙。

有田局長於一九三〇年，轉任駐奧地利公使，因之一九三一年勃發九一八事變時，他不在外務省。但於犬養（毅）內閣的末期，被邀出任外務次官，並於一九三二年五月，回到外務省來。由於有田之就任次官，雖有谷正之亞細亞局長與白鳥敏夫情報部長的對立，革新派遂日漸取得外務省的領導權。

一九三二年，因為五・一五事件（譯註五），犬養內閣倒臺，由齋藤實海軍上將以舉國一致內閣名目組閣，並準備起用曾經兩任外相，當時擔任滿鐵總裁的內田康哉。五月二十五日，與齋藤首相毫無關係地，有田次官以外務省一致的意見，懇求內田總裁就任外相。

若是，外務省一致懇求其出任外相的內田總裁，對於九一八事變究竟採取了什麼態度呢？正如內田給有田的回電：「自發生九一八事變以來，我一直與關東軍協力，略盡了棉薄」，他是關東軍構想積極的支持者。勃發事變的翌日，內田與關東軍司令官本庄繁在奉天會面時，同意了本庄「此時亟需斷斷乎積極邁進」的意見，並說為徹底解決滿蒙問題，要向國內要人說服，以實現確立新政權，並為了推動被認為政府軟弱之原因的皇宮方面的工作，應該啓發西園寺（公望）元老和牧野（伸顯）內大臣對滿蒙眞相的認識等等。

內田於十月間回國，十三日跟西園寺在京都會談之後，翌日抵達東京，向若槻（禮次郎）首相和幣原外相傳達滿蒙的情勢。內田的強硬論，使西園寺和幣原驚愕。幣原外相聽到內田替關東軍構想辯護而喊說：「如果這樣作得通，請你替我作。」。在另一方面，南（次郎）陸相和金谷（範三）參謀總長等軍部首腦於十五日會談時，曾經央求內田出任外相。

在國外，因為關東軍的獨行其是；在國內，面臨如十月事件（譯註六）之右翼恐怖事件的威脅，幣原外交陷於破產；正當此時，內田滿鐵總裁的反幣原路線，獲得了關東軍以及中央軍事首腦一致的支持。而對於內田滿鐵總裁，於半年後，以外務省一致的要求懇請其就任外相，正是外務省對九一八事變態度的變化。

內田外相於就任（七月六日）前的五月十一日及二十八日的筆記（註五）說，對於日本來講，已經沒有所謂滿洲問題，而祇有承認「滿洲國」的問題；而就任後與李頓調查團見面，以及在第六十三屆帝國議會的時候，一貫主張「滿洲問題的唯一解決方策是，唯有承認滿洲國」，因之拒絕一切妥協案，並於九月間斷然實行承認「滿洲國」。

當國際聯盟正在審議李頓報告書時，於十二月二十七日，內田外相曾予其派在國際聯盟的代表以如下強硬的訓令：「九一八事變是因為中國無視國際聯盟規約和非戰條約的精神，繼續採取排外的革命外交，觸及我國生命線而發生的，因此中國纔是侵略者，如果國際聯盟作了無視日本立場的決議，日本將不惜退出聯盟。」他更說，列國應該認識防止東亞之赤化的唯一安定勢力的日本立場。

由持有這種見解的內田所推動的，處理九一八事變的方式，終於導致了日本退出國際聯盟，但在日本統治階層裏頭，也有不少人反對內田的外交。譬如朝鮮總督宇垣（一成）便批評他說：「被軍部一部分的短視者流牽着鼻子走，跟青年軍官同一鼻孔出氣，無策無術，強行蠻幹，眞是無策外交的絕頂」。但陸相荒木（貞夫）却稱讚說，在內田外相時期，陸、外相的關係極其密切，毫無守島所說之外務省的「苦業」。

## 廣田外交的核心——重光構想

有田外務次官之於一九三三年，日本退出國際聯盟後的五月辭職，乃由於革新派內部的對立。革新派的白鳥情報部長是石井菊次郎樞密顧問官的侄子，常與平沼騏一郎（譯註七）接近，跟陸軍的鈴木貞一中校（軍務局）因爲同鄉而有親密的交情，又與政友會的森恪（譯註八）關係不錯，是一位激進外交官。他於一九三一年春天，與森恪和近衛文麿（貴族院副議長）會面，以策劃芳澤（謙吉）外相的辭職。白鳥首先與谷亞細亞局長對立，繼而與有田外務次官衝突，因之外務省內部，引起很大的糾紛。

爲了解決這個對立，內田外相派白鳥爲駐瑞典公使，同時擬把有田轉任爲駐英大使，可是有田却以這兩者處理都不對，感到不滿而辭職，但因爲後來廣田就任外相，而去就任駐比利時大使。谷又到「滿洲國」去擔任參事，所以外務省內部的對立，由此可以說是告了一個段落。

白鳥努力於培養後進，而比他晚兩年的栗原正和晚其三年的松宮順成爲白鳥派的中心人物，並獲得一九三二、三三年考取的許多新進少壯外交官的支持，因此白鳥派便變成外務省內部很大的壓力集團。至此，白鳥及其支持者遂被稱爲革新派，而從前以有田爲首領之革新同志會的一派，包括重光和谷，反而被叫做傳統派。

有田、谷、白鳥等人派駐海外以後，內田外相於一九三三年九月提出辭職，於是一直態度曖昧的廣田弘毅（一九三二年一月離任駐蘇大使後，待命中）遂就任齋藤新內閣的外相。

廣田外相於一九三四年一月的國會，發表演講說，日本負有維護東亞之和平的全部責任，列國應該認識日本之現實的地位，逐漸表明其外交政策的輪廓。但實際上扮演推動廣田外交的却是重光葵次官等。重光是一九一一年考取外交官的，比廣田晚五年，比有田慢兩年，早東鄉一年，快白鳥兩年。重光自一九三三年五月至一九三六年四月，擔任大約三年的次官，下面我們來看看重光對亞洲外交的構想（想法）。

重光次官在一九三三年九月執筆的文書中，回顧了華盛頓會議時，不僅是裁軍問題，而且討論了重要的政治問題，因此簽訂了九國公約，同時在最近國際聯盟所主辦的一般裁軍會議，涉及提到聯盟規約的充實和加強，以及安全保障問題，而主張日本在現今的裁軍會議，必須避免討論政治問題。（註六）換句話說，重光的基本見解是，由於日本是「無統制」之中國與「完全不同其思想及政治組織」之蘇聯的鄰邦，所以「處於不宜作（一般性）保障和平及廢止理想上戰爭之約定的狀態」。

這是重光對於被聯盟規約、九國公約、非戰條約等一般條約所束縛之日本現狀的反省。根據重光的說法，九一八事變雖然是日本爲正當防衛所採取的自衞措施，但日本却因爲聯盟規約和非戰條約而受到責難，並且在國際聯盟大會和理事會的表決結果更是四十二比一與十三比一。重光說：「美國以爲，適合於歐洲之國際關係的國際聯盟規約，未必適於約束落後的國際問題，而要求把「門羅主義」（譯註九）除外（指聯盟規約第二十一條），因此處於更落後之國際關係的遠東情勢，自不宜適用歐洲般理想上的和平條約或者組織」。

換言之，聯盟規約之把門羅主義除外，乃因為認為中南美諸國的情況，不宜適用像聯盟規約這種普遍性條約，因而覺得不宜適用於更「落後」的遠東。所以重光堅決以為，不能再像在華盛頓會議，締結一如有關中國之一般性條約的九國條約，而束縛日本的自衞行動。是即重光的基本立場，可以歸納為如下：

「要之，日本在遠東處於具有維護遠東之安寧秩序亦即安定的責任之地位，而日本需以實力主張和維持，他國對它，自可予以明示或默示之承認，但對這地位如果有積極地欲侵犯的國家，當毅然以防禦。日本對美國及其他國家，在任何方面，都毫無領土上和政治上的侵略意見，但為着維護其在遠東前面所述責任的立場，日本實具有排除任何困難，以完成其任務的覺悟」。

這可以說是一九三三年九月（通知脫離聯盟半年後）的東亞門羅主義。

若是，重光次官對於九一八事變之演變成「滿洲國」的獨立，作如何的評價呢？審議李頓報告書時，被特派到國際聯盟，扮演脫離聯盟之主角的松岡洋右（譯註一〇），往日內瓦出發的時候，曾經就建設「滿洲國」的必然性這樣說過：「在五千年的歷史過程中，中國經過幾次的分裂和統一，而目前中國正在分裂中，所以此時任何人和任何國家，就是努力於其統一也做不到，在這種意義上，滿洲國的獨立不過是它的歸結而已」（註七）。

松岡的這個判斷，固然很獨特；而重光也主張，「『滿洲國』的獨立，乃是非常合理的解決方法。」換句話說，滿洲地區是以日本人的「血和財」鞏固起來的土地，而廣東政府的外交部長陳友仁，也暗示過滿洲是日本的特殊地區（譯註一一）。重光的意思是說，在滿洲這個地區建設一個獨立的「滿洲國」，對中日兩國來講，乃是雙方主張之中國的解決方法。重光認爲，日本之不直接領有滿洲，明示滿洲不是日本的領土，是日方的讓步，因此，中日兩國外交之癥結的滿洲問題，因爲滿洲的獨立便獲得合理而中間的解決。

成立「滿洲國」第二年當時的重光的見解是，日本承認這個合理解決之結果的「滿洲國」，與聯盟及其他有關方面博鬥，認爲正當者一步也不讓，同時自覺日本立於一定能夠貫徹其認爲對的事體，並自信能善盡其隨之附帶而來的責任。因此重光認爲，日本應該通知中國，「今後（中國）如果利用歐美俄等第三國家，出於違反東亞和平與秩序之手段的話，日本將斷然予以抨擊。」與此同時，中國如果願意與日本分擔維護東亞之秩序的話，日本將跟她合作，進而予以援助。要之，重光的主張是：中國必須認識，在九一八事變以前和以後，東亞的局勢已經發生了重大的變化。（註八）

四月九日，重光的這個對華方針，寄給其駐外使節作參考，而經過大約一個星期，便發生了所謂天羽聲明問題。

四月十七日的天羽（英二）情報部長的聲明，亦即「歐美列國對中國的共同行動，縱令名目上是財政上或技術上的援助，也必然地帶有政治意義，因此日本在原則上要予以反對，而就是個別的行爲，如果擾亂東亞的和平與秩序時，日本也要加以反對」的這個聲明，乃是發表廣田外相給有吉（明）駐華公使之訓令的一部分而已，而從如上述重光的方針看來，正是廣田外相、重光次官時代對東亞政策之坦率的闡明。

是即重光次官的對東亞政策，經過天羽聲明以後，其輪廓便更清楚了。天羽聲明半年以後之同一年十月二十日的重光次官的構想（註九），由日本對東亞政策上來看，爲更澈底地完成對中國政策，必須從㈠驅逐在中國的外國及外國人的政治勢力；㈡誘導中日兩國將來之和睦合作的手段這兩方面去着手。

其構想爲，要從中國驅逐一向把東洋各地當做殖民地，展開其政治、經濟政策之歐美各國人的勢力，以換取中國對日本的友好。爲此，重光次官主張破壞歐美各國在中國所建立的政治勢力及其機構。其具體目標爲：(1)破壞海關制度；(2)歐美各國在中國之武力的撤退。

關於第(1)點，他們認爲，從英國的勢力下把海關制度奪過來，以還給中國人的時機已經到了，由此海關的效率稍微降低也沒辦法，此時如果發生對日本不利的事，日本自可以實（武）力維護其利益。關於第(2)點，歐美各國武力的撤退，乃以所謂華北駐屯軍的撤退，以及各國在中國之艦隊的撤退和縮小爲目標。爲此目的，日本要把駐華公使館升格爲大使館，並由上海遷往南京，以誘導各國公使館也搬到南京去，俾使列國駐屯華北軍隊也隨之而撤走。這對於日本來講，縱令撤去其駐華北軍隊，因爲在長城附近和「滿洲國」內均有日軍，故對日本並不產生不利的後果。而且，從華北清除外國的武力，就日本來講，便是「從事貫徹華北政策上的基本工作」。因此以爲，公使館區域不妨歸還中國。

關於重光的這個構想，最值得我們注目的是，在於它跟陸軍的構想非常類似，而且是跟陸軍的策動相輔相成這一件事。如所周知，從一九三四年到三五年，日本在冀東地區大力推行了大規模的走私政策。這與其說是走私，不如說是公然無視中國的海關行政，在這種意義上，是旁若無人的擧止，它既破壞以英國爲主體的海關行政，又爲中國的財政收入帶來了重大的危機。當然我不敢說重光肯定了這種亂七八糟的行爲，但如僅就破壞海關制度這一點來說，其方向是一致的。

至於各國駐紮華北軍隊的撤退，對陸軍在華北政策的推行上非常重要，自不待言。惟值得我們注意的是，重光並沒有與軍部緊連結在一起，而是站在外務省的立場發言這椿事。在這一點，旣跟被認爲完全是陸軍傀儡的內田外相不同，又跟白鳥派有異，而是外務省自主性之方針的樹立。

因此我認爲，重光的中國政策是，與驅逐外國在中國之政治勢力的同時，各國在中國的利益，事實上由日本來保障；歐美各國可能也必須滿足於祇獲得通商和經濟上的均等待遇。換句話說，他的構想是，在政治上，由日本去保障各國的利益，各國應該滿足於在中國獲得通商和經濟上的均等待遇就行，不得予中國以政治上的影響，因此這可以說是更醇化了天羽聲明的意思。

重光之意圖與軍部分別地樹立外務省本身的構想，可以從一九三五年六月二十七日，召開對華政策討論會（原文爲對支政策討議會，參加者有重光次官、桑島主計東亞局長、谷正之駐華大使館參事官、栗山茂務約局長、守島伍郎東亞局第一課長）時，對於守島課長說，由於對華政策同時又是對軍部政策，所以祇作外務省的理想腹案，在實際的措施上還有種種困難，因此，「除非軍部是非常熱中，對華政策很難有實際上的效果」，重光雖然在大體上也同意，但還是認爲需要根本地研討問題，以決定外務省的態度看得出來。（註一〇）

重光次官在這個會議席上，強調對中國，不要像二十一條那樣一一條擧要求，而應該一個一個地逐漸解決懸案，以拖拉住中國。他擧例說，對中國可以這樣恐嚇，如果不任日本在察哈爾自由，中國的未來將不可設想，以拉住中國。而六月二十七日恰好是成立有關察哈爾事件之土肥原・秦德純協定的日子，所以重光還是贊成土肥原・秦德純協定的成立方法。這跟廣田外相於梅津・何應欽交涉時，拒絕外交交涉，令中國不得不締結軍事協定同一個手法。因此我說，外務省的方針雖然是其本身的構想，但却很微妙地與軍部相輔相成。

## 白鳥派的抬頭

如前面說過，革新派的首領有田和白鳥都調派海外（有田任比利時大使，白鳥爲瑞典公使）；而一九三五年秋天，他倆來往的信件（註一一），充分地說明了爾後爲外務省核心並予以很大影響力的有田與白鳥之構想的不同。

白鳥構想的重點，在於對蘇聯採取強硬政策。由於白鳥認爲斯拉夫民族和大和民族，在亞洲大陸，畢竟具有決雌雄的命運，因而主張以不惜一戰的覺悟，與蘇俄交涉，以完全阻止蘇俄插足東亞。白鳥所提對蘇交涉的最低條件是，絕對放棄東亞諸地方的赤化行爲，廢除海參威等地的一切軍備，不駐兵貝加爾湖以東，全面由外蒙和新疆撤退等等，將來並預定收買沿海州，同時有意跟中國簽訂對蘇同盟。

但「爲對抗今日世界多數人類之敵人的共產主義的中日同盟，將獲得世界輿論的同情；而就是美國，爲理解日本對中國的眞意，將大事變更其對九一八事變的一般見解。

」這種白鳥的中日反共聯盟的構想，如果與當時已經在進行的廣田三原則的交涉，中國對日本的不信任，則可明白它不是不切實際的空論，而爲白鳥對蘇聯採取強硬政策的構想是，如果日本與蘇俄作戰，德國和波蘭可能起來呼應，蘇俄若與大國交戰，勢將導致內部崩潰這種判斷。

但有田却採取不能贊成白鳥之蘇俄內部崩潰說的立場。有田反對實施像對蘇作戰的冒險政策；其構想的核心是由日本獨佔地控制中國。他認爲：「要從中國逐漸排斥赤俄及英、美、聯盟等勢力，同時在日、滿、支（華）間建立政治、經濟上的緊密關係，以在資源的利用上獲得堅固的地位，俾能與英帝國、美國、蘇俄等對抗。」因而主張趕緊確立以支配中國爲中心的資源、市場的自給自足圈（勢力範圍）。有田說：「既需要在政治上從中國排斥赤化勢力，又得請英、美、法等富有國家不要揷足中國，以策中日間的眞正合作」。在這一點，白鳥以爲，爲成立對付蘇聯的聯合戰線，在中國對英國或者美國，有採取若干綏靖政策的可能性；但有田却認爲，對英美兩國，在中國既不需要讓步，也不必要與其互相協定勢力範圍，而企圖從中國全面地把英美勢力逐出。

對於有田的見解，白鳥以爲，關於其兩者之最大不同點的對蘇政策，如果抽象地論對蘇戰爭的可否的話，有田的意見是對的，但他却又說：「問題是，在於最近的將來，陸軍的意向應該如此這種預測是否正確，如果軍部決定了方針，在今日的情勢，任何人都阻擋不了它，外交官和政黨既不能抑制它，自不如予以贊成，並在方法上期其萬全，這是弟的結論」。換句話說，白鳥的意見是，問題在於陸軍的意向，而自處於在方法上期其萬全的地位，因此全面地承認陸軍的領導權。

有田於跟白鳥通信的翌（一九三六）年二月，轉任駐中國大使，迨至發生二二六事件（譯註一二）以後成立廣田（弘毅）內閣時，他便回國就任外相，而從四月二日起，則扮演領導日本外交的主角。廣田、有田的搭檔，以所謂皇道精神爲對外發展的指導精神，一方面依有田構想加強全面統治中國的態勢，同時對南方企求日本民族和經濟的發展。及至十一月，卽與納粹德國簽訂了德日防共協定。

廣田內閣不到一年，於一九三七年二月，卽變成林（銑十郎）內閣；而廣田於四個月後出現的近衞（文麿）內閣中，第三次出任外相，繼而發生中日戰爭。

中日戰爭一勃發，近衞內閣便積極地展開軍事作戰，與擴大其佔領地的同時，又圖謀獨佔性的經濟進軍，於翌年一月，更發表「不以國民政府爲對手」的聲明。在這期間，廣田外相一直支持近衛首相和軍部的強硬姿勢，毫不顧石射猪太郎（譯註一三）東亞局長等不擴大和抑制出兵的建議，贊成擴大戰爭。除廣田之外，在外務省裏邊，還有人鼓吹以戰爭解決局勢者；而自認爲革新外交官之情報部長河相達夫就是其中的一個。河相情報部長對於十月五日，羅斯福總統在芝加哥的「隔離」演說所反駁的談話，引起了世界的注目。

「……政治的要諦在於使不平者不鳴。這不僅在國內政治是這樣，而且在國際政治也是一樣。在五十年之間，日本的人口增加了一倍。可是這個小島國，如果欲向外求發展，則爲各地所拒絕。美國之阻止日本移民，實違反了人類自然的法則。這是日本國民以爲最遺憾的事。但事實上，在目前的世界，還有「有所有的國家」與「無所有的國家」之爭。人們對於資源和原料的分配覺得非常不公平，因此如果不修正這種不公平，並且「有所有的國家」對於「無所有的國家」拒絕讓步其既得權利的話，要解決它的，祇有訴諸於戰爭之一途……」。

河相情報部長的這個談話，以爲「無所有的國家」之欲推翻既成秩序乃基於正義，而在認爲中日戰爭也是「無所有的國家」之欲推翻既成秩序的戰爭這一點，實否定了日本政府之說中日戰爭是欲從中國的抗日運動和赤化的魔掌逃出的自衞戰爭的正式見解。

而被免去瑞典公使（一九三七年四月）的白鳥敏夫，在東京未就任新職的狀態中，也積極地從事於執筆活動。譬如在十月分發行的「改造」中日事變增刊號，他發表了題爲「大陸政策的文化史意義」的論文說，基於個人主義和物質主義的文明，在今日已經日暮途窮，「自由主義、民主主義等，以個人爲基礎的思想，已逐漸落伍，而國家主義、民族主義的傾向，則以不可抗拒的力量繼續前進，明日的政治哲學，似將爲集體主義的獨擅場」，從而強調日本的大陸政策，在其本質上具有文化史的使命。

格勒基英國大使很注意白鳥的存在，因而求見白鳥，他倆於是於十二月十三日會談。在這個會談，白鳥說日本是法西斯的本源。白鳥認爲，「所謂民主主義國家與共產俄國，在其究竟係立於同一平面上」，皆以唯物史觀爲基礎；反此，德國和義大利則採擇與唯物史觀的馬克思主義絕不相容的政治哲學，並意圖消滅個人主義和階級鬥爭的觀念，進而大加讚美法西斯政治。白鳥與右翼加深接近，更把愛國勤勞黨黨員，且與神兵隊事件（譯註一四）有過關係的天野辰夫說成是「有如神的傢伙」。

廣田外相於一九三八年二月，表示如果成立外務省的外局——對華事務局的話，有意任命白鳥爲其長官。（註一二）但沒多久，因爲近衞內閣改組，廣田辭職，宇垣一成接任外相（五月二十六日），外務省內外有推舉白鳥出任外務次官的運動。在外務省裏面，年青的外交官向宇垣外相建議以白鳥取代堀內謙介；在內閣，新任陸相的板垣征四郎也極力勸告宇垣起用白鳥。而且，基於陸軍中堅軍官對宇垣的意見，近衞首相本身也認爲最好任用白鳥。惟宇垣却準備以堀內次官渡過夏季以後再處理這個問題。總之，白鳥之獲得近衞首相、板垣陸相、廣田外相等強有力的支持是很值得我們注目的。

以於一九三二、三三年考取者爲核心之外務省的年青外交官集團，是白鳥的熱烈支持者，他們的革新欲望很強，對於被以爲獲得財界等支持而親美英的宇垣外相不滿。中川融、牛場信彥、青木盛夫、甲斐文比古（都是一九三二年考取者）等事務官（日本中央政府的普通官員叫做事務官——譯者）八人，於一九三八年七月三十日，造訪宇垣外相於大磯，要求刷新外務省的人事（雖然沒有明白講，但意思是要求起用白鳥），以及停止當時進行中的宇垣、格勒基會談。理由是，跟在國會高言援助蔣介石之英國政府的代表格勒基舉行會談，實對世界表明日本的軟弱。

這些年青外交官，對於與宇垣外相的會談，這樣寫着：

「做爲奉行宣布皇道之前鋒的外務省員，（我們）研究應該依何種綱領方針實行皇道外交，並具有名叫皇道外交之一連串的根本論策，凡此都曾向廣田大臣建議過，將來自有機會對閣下建言，而從宣布皇道的思想來說，（我們）認爲在東亞，對盎格魯撒克遜並不必作馬馬虎虎的妥協……」（註一二）

宇垣外相於九月，決定了如下的人事移動。次官的堀內轉任駐美大使，東鄉出任駐蘇大使，爲人們所注目的白鳥任駐義大使，大島浩武官升任駐德大使，爲東鄉的後任。

宇垣外相本身，因爲興亞院問題（譯註一五），於九月三十日辭職，而由近衛首相暫時兼任外相。以此爲好機會，牛場信彥等五十個年青外交官，聯署向近衛首相要求以白鳥爲外務大臣。白鳥雖然被任命爲駐義大使，但却並未赴任，而等着情勢的演變。因而近衛首相遂直接找白鳥，對其說明因爲種種關係，目前不能請他做大臣，並問他希望由誰來出任大臣　白鳥說是有田，因此有田又於十月二十一日，再次出長外務省。

與此同時，東亞局長由白鳥派的大將栗原正取代獲得宇垣信任的石射，於是東亞局長在栗原之下，遂變成革新派的大本營。而這些年青外交官，更進而擁有白鳥大臣、栗原次官的構想。

## 有田外交及其修正的挫折

有田新外相對於美國以日本在中國的行動，與機會均等和門戶開放主義背道而馳的抗議（一九三八年十月六日），於十一月十八日答覆說：「當在東亞的天地出現着新情勢的今日，欲以適用於事變前之局勢的觀念和原則來約束現在和今後的局面，則不僅不能解決當前的問題，而且對於確立東亞永久的和平也沒有幫助」，公開表示了日本否認九國公約等華盛頓體制的正式見解。

有田更於十二月十九日，在外國記者招待會席上，說明日、滿、華之聯絡體的東亞新秩序，乃是「對於赤化魔掌的自我防衛」，以及對於（中國）設立關稅壁壘的經濟上的自衛手段。他說：「很少資源的日本，沒有國內市場的日本，和在經濟上力量薄弱的中國，應該相倚相助，以確保市場，雖為其存立上所不可或缺，但在其範圍，要限制東亞以外各國的經濟活動，是我們所不能承認的」（註一四）。有田的這個發言，自是前面所介紹，與白鳥來往信件中所示，有田之確保中國市場政策的表明，而與一年多前，成為問題的河相情報部長之「無所有國家」的理論，非常接近；更與上述一九三四年秋天，重光次官構想的句子一致，這是很值得我們注意的。

有田在外務省內部，獲得局長以上壓倒的支持，除革新派以外，幾乎統統團結在有田之下，而形成傳統派。因此有人說：「有田在部內的聲威很隆，所以革新派大感無光彩。於是有人開始脫離革新派。首領的白鳥前往義大利，獨守孤城的栗原，悶悶過着東山再起的日子」（註一五）。

但栗原東亞局長和松宮調查部長（一九三九年六月上任），却在年青外交官的支援下，跟白鳥駐義、大島駐德大使取得緊密的聯絡，以策劃加強與德、義的合作。這些少壯外交官，於一九三九年四月，向有田外相提出意見書說，祇要日德義三國無條件地做同盟國合作，則將成爲任何國家或國家集團也無法挑戰的世界最強的結合，因而要求加強防共協定以實現軍事同盟。根據他們的見解，如果不加強協定，很可能產生德國和蘇聯的妥協，甚而引起德、義、英、美、法、蘇等國家再劃分中國的運動。他們認爲：「德、義、英、美、法、蘇之經濟及武力的壓迫集中於日本，因此日本完全孤立，從而導致不得不完全從中國大陸撤退的局面，若是，在國內將因爲國民的不滿而造成大亂，進而很可能陷於內外皆不可收拾的狀態。因此，這個同盟的成功與否，實爲決定皇國興廢之空前的重大事體」（註一六），因而對於躊躇無策的有田外相施加壓力。對於強化防共協定問題，內閣內部以及外務省內部的對立，因爲德蘇之締結互不侵犯條約而受到很大的衝擊，由之平沼內閣提出總辭職，並於八月三十日成立阿部（信行）內閣。

起初，阿部首相兼任外相，因此栗原東亞局長與陸軍聯絡，以活動白鳥就任外相。九月十六日，阿部首相曾說：「自稱白鳥派者最近特別猖獗。尤其要求白鳥做大臣，甚至於拿來聯署的文書，眞是太不應該」。連日皇也注目外務省內部的動向，並注意阿部首相說：「東亞局長必須換人」。由此可見栗原等之如何推薦白鳥的一斑。

因此阿部終於九月二十六日，以野村吉三郎海軍上將爲外相，並任命谷正之爲次官。堀內干城取代栗原爲東亞局長，白鳥駐義、大島駐德大使均被調部。回到國內的白鳥對阿部首相建議：依日德蘇同盟，以趕出美英。但阿部却以「借蘇聯的力量來趕出英美，非常不好，這不但在物質上沒有幫助，而且在精神上也無濟於事」，而不予理睬。谷次官也說：「自稱革新派云云的白鳥派年青人，分別地調出，在今年之中，幾乎全部都將離開中央到國外去。我既然受命爲外務次官，自要澈底地幹」。由此可見，對於白鳥派，着實加強了有形無形的壓迫。

對於外務省上層的這種動向，革新派的少壯官員當然非常反感。現在，我擬就野村外相時代之最大外交問題——美日通商條約之廢除問題的處理，來看看它的情況。

在這以前，平沼內閣時代的七月二十六日，美國哈爾國務卿把堀內大使請去，並突然通知美國要廢除美日通商條約。由於這個通知，六個月以後，通商條約將失去其效力。美國的突然措施，固然對當時在東京召開的有關天津英法租界封鎖事件的英日會談裏，具有牽制英國之屈從日本要求的意義，但跟爲日本最大貿易國之美國的關係，將由此而趨於不安定，對日本來講，的確是很大的衝擊。於是外務省於八月三日，擧行幹部會議，決定設立「對美政策審議委員會」。委員長是調查部長松宮順，東亞局長栗原正、通商局長松尾鹿夫、美國局長吉澤清次郎、情報部長河相達夫等爲委員。委員會下面設幹事會，調查部第一課長高瀨眞一任幹事長，其他四個課長擔任幹事。

在這些人當中，委員會本身，委員長松宮、東亞局長栗原和情報部長河相屬於革新派；在幹事會，幹事長高瀨、東亞局第一課長土田豐一和美國局第一課長藤村信男也是佼佼的革新派。這個委員會尤其是幹事會，曾抨擊野村外相和谷次官的外交政策不遺餘力，以策劃其垮臺。

野村外相之所以熱心於調整對美關係，乃鑒於「對美關係的惡化，將使事變的處理、國防及戰時經濟體制之既定計劃的完成，成爲不可能合於這種（日本）帝國經濟財政上的需要」。尤其令野村覺得對美關係之調整的不可或缺的是，中國佔領地的現狀。野村認爲，在華中和華北，鐵路、通信、鑛山等骨幹部門的復興之所以遲遲不進，乃由於機材的不足，而欲打開它，則非借用外國的資本不可。換句話說，中國佔領地的重建，需要繼續與美國保持友好關係，和加強經濟合作。

但欲跟美國繼續任何方式的經濟關係，得修正前一年十一月對美國所回答，有田外相的對美英方針。爲建設東亞新秩序，列國在華權益以及在華經濟活動，將受到相當限制的有田外相談話，野村以爲是「予英美以日本帝國宛如要加以廣泛而多方面限制的印象，因此使他們深感恐懼，從而更加強了他們對處理事變不協力的態度」。

所以野村認爲：「將來爲調節對英美關係，令其對事變的處理有所協力，應該明示限制的範圍，使其明瞭日本帝國爲建設新秩序，要對外國權益等加以限制的範圍非常之小（譬如爲經濟開發之基礎產業的鐵路、鑛山、電力等有關國防的產業……在日本需要歡迎外資的現況下，上述範圍的限制，着實並不困難）」，因而於十月二十四日，向阿

（原註：可能指有田外相對美回答，東亞新秩序聲明等而言），喪失了建設東亞新秩序的大理想，……缺欠自己毅然主張的勇氣，因太過急於收拾事變，爲調整國交而忽略根本的事變使命，犯着顚倒本末的錯誤」。革新派憂慮着：以這樣的外務省首腦，不但不能打開民族前進的道路，而且東亞新秩序的建設，也將由外交的一隅而崩潰。

而正如藤村課長所預測，美國表明：除非日本根本地修正其中國政策，不肯跟日本締結通商條約。於是野村外相的對美收拾方策遂遭受挫折，而從一九四〇年一月，美日兩國便進入無條約的時代。阿部內閣也於該年一月，由米內（光政）內閣所代替，有田八郎第三度出任外務大臣。

## 結論

以上，我素描了從一九三二年內田外相的上場，以至一九三九年底野村外相的辭職，以觀察外務省內部對亞細亞外交政策的形成過程，而由此，我們可以看出有幾個流派或者集團。第一個流派以幣原外相爲頂點，並欲以繼承其對外交政策者。如以外務大臣爲例，則佐藤尙武、宇垣一成、野村吉三郎等屬此系統。宇垣與野村之爲軍人出身也是一個特徵。

這個流派對中國的共同認識是：中國雖然落後，但還是正在走着現代的統一國家的道路。幣原外交的中國政策，乃以沿着中國國內市場的統一和安定化的方向來推行爲其本質。換句話說，它與非戰公約所企圖的方向是一致的，而從這個立場來說，意圖推進中國的分裂，以及依軍事威脅妨害其統一，都是反動的政策。

佐藤外相在中日戰爭前所努力者，也是不把跟中國的國交看成特殊的外交，而欲把它當作跟一般諸外國的國交完全同樣關係的正常化。宇垣外相也於中日戰爭的第二年，強調中國處於統一的過程，日本必須承認以蔣介石爲首而團結的民族意識。

以承認中國近代性的統一爲其基本路線的立場，必然地希望日本的中國政策，儘量建立於經濟原則之上，堅持不以軍事上或者政治上的支配爲第一要義。因此，便沿這個方向構想，時或與歐美各國合作，時或利害相反，但在基本上仍然能以同樣的立場，能夠處理中國問題。野村外相之希望引進英美資本以開發中國佔領地，並認爲能夠由英美輸入生產材，也是基於一樣的想法。至於幣原等人的這個路線，爲何未能成爲主流派，自是今後應該研究的問題，而如果從外務省的範圍來說，實與第二流派和第三流派的出現具有關係。

我以爲，第二流派以廣田、有田、重光爲核心；白鳥派算是第三集團。這兩個集團也可以總稱爲革新派，而自一九三一年至一九四一年，作爲外務省的主流派，以展開其政策者，正是這個集團。白鳥派是這個廣義的革新派的前鋒，在革新派內部，它雖然曾受到獨行其是的批判，且受過壓迫，但在客觀上，白鳥派實扮演了第二流派形成外務省主流派時的開道角色。白鳥雖然未就任外相，但於一九四〇年，由於松岡（洋右）上任近衞內閣的外相，白鳥派可以說是達到了它的目的。因爲白鳥派作了外務省的顧問，松宮調查部長成爲松岡的有力親信。

前面我們說過，廣田、有田、重光、白鳥的基本構想是，欲打破東亞的維持現狀。另外一個特徵爲，反蘇的感情和對法西斯國家的親近感。敵視蘇聯和對共產主義的警戒心，第一流派的歐美派也有。幣原的對中國政策本身，就有強烈的共產主義警戒心，爲此，它甚至於不惜採取強硬的手段，惟與革新派不同的一點是，前者並不跟法西斯國家德國和義大利積極地接近和合作。

有田於締結德義日防共協定時，曾經在「中央公論」雜誌上說，他不能理解英美把德義日的反共國際協約看成法西斯團體的出現，以爲這是反對民主主義國家的團體。有田認爲：「與其說是法西斯集團與民主主義集團的對立，如果有對立，毋寧說是共產國際與反共產國際的對立，而在反共產主義者裡頭，既有德國的納粹主義，也有義大利的法西斯主義，日本有日本獨特的主義，更有其所謂民主主義。從這一點來說，英美法等民主主義國家應該跟我們合作才對。由於他們把我們當作法西斯集團，不跟我們合作，所以才會爲共產國際各個擊破的戰術所乘。」（註一七）反此，白鳥却說：「所謂民主主義諸國與共產俄國，歸根到底，係立於同一平面者」，這是我們已經說過的。

被外交評論家清澤洌抨擊說：「你的長處是，以短見的輿論爲背景，祇會搖頭」的內田外相自當別論，堪稱爲一九三〇年代，外務省主流派的廣田、有田、重光等集團，實具有其獨自的政治判斷和現象感覺，時或與軍部的構想和運動互相矛盾，時或與其互爲相輔相成，自九一八事變以至太平洋戰爭，爲日本國策基準的形成，扮演了重要的角色。在這一點，我們在開頭所引守島伍郎的話，跟事實的經過，實大有齟齬。

# 註釋

註一：「廣田弘毅」（廣田弘毅傳記刊行會，一九六六年）。

註二：河合榮治郎「外交的革新」（「中央公論」一九三五年一月號）。

註三：長谷川進一「在外外交官評判記」（「改造」一九三五年九月號）。

註四：原田熊雄述「西園寺公與政局」第七卷（岩波書店，一九五二年，二三七頁）。

註五：「內田康哉」（內田康哉傳記刊行會，一九六八年，三三四——八頁）。

註六：外務省紀錄A110「帝國的對華外交政策」，裁軍會議關係，次官意見，一九三三年九月起草。

註七：松岡洋右「承認滿洲國與國際聯盟——赴任日內瓦前夕」，（「中央公論」一九三二年十月號）。

註八：外務省紀錄A110「帝國的對華外交政策關係一件」，第三卷。

註九：同上。
註一〇：同上。
註一一：外務省紀錄，一九三五年十一月，白鳥給有田信兩封，有田給白鳥函一封。
註一二：原田，前書，第六卷，二二九頁。
註一三：「日中戰爭Ⅲ」，現代史資料第十卷（密斯玆書房，一九六四年，三五一——四頁）。
註一四：「昭和十三年的國際情勢」（日本國際協會，一九三九年，一七〇頁）。
註一五：平尾道雄「外務官僚批判」（「改造」，一九三九年十一月號）。
註一六：前述「中日戰爭Ⅲ」，三三三——四頁。
註一七：有田八郎「外交雜感」（「中央公論」，一九三七年十二月號）。
譯註一：河合榮治郎（一八九一——一九四四），東京人，東京大學畢業，曾任東京大學教授，有關社會思想的著作甚多，譯者曾譯其「亞當斯密與經濟學」，由商務印書館出版。
譯註二：宇垣一成（一八六八——一九五六），岡山縣人，陸大畢業，陸軍上將，曾任陸相、外相，戰後當選過參議院議員；野村吉三郎（一八七七——一九六四），和歌山縣人，海軍軍官學校畢業，曾任外相、駐美大使，戰後當選過參議院議員。

譯註三：有田八郎（一八八四——一九六五），新潟縣人，東京大學畢業，曾任駐華大使和外相，戰後由日本社會黨出馬角逐東京都知事兩次，但均失敗。

譯註四：玄洋社是日本國家主義團體的嚆矢。創立於一八八一年，平岡浩太郎首任社長，玄洋係平岡的別號，日後以頭山滿爲其代表，乃與亞洲的民族運動大有關係的右翼團體。

譯註五：五・一五事件是一九三二年五月十五日，以海軍軍官爲主，陸軍軍官學校學生也參加，殺死犬養毅首相，企圖奪取政權但失敗的事件。由此，戰前日本的政黨政治遂告終焉。

譯註六：十月事件是一九三一年十月，以因爲三月事件失敗的橋本欣五郎等櫻會的軍官爲主，加上大川周明、西田稅等民間右翼人士，爲呼應九一八事變計劃政變，企圖於十月廿一日動員步兵、機關槍中隊、海軍軍官、民間右翼，斬殺若槻禮次郎首相和幣原喜重郎外相等，在戒嚴令下成立以荒木貞夫中將爲首相的政府，惟因事先洩密而歸於失敗的事件。

譯註七：平沼騏一郎（一八六七——一九五二），岡山縣人，東京大學畢業，曾任法相、內相和首相。

譯註八：森恪（一八八三——一九三二），大阪人，當選衆議院議員，曾任外務政務次官，對侵略中國，扮演很重要的角色。

譯註九：門羅主義是美國第五任總統門羅，於一八二三年十月，在國會咨文中所表明對外政策的基本方針，以反對西半球的歐洲列強干涉美洲事宜爲宗旨。與此同時，也表示不干與歐洲的事情。

譯註一〇：松岡洋右（一八八〇——一九四六），山口縣人，美國奧勒崗大學畢業。曾任滿鐵副總裁、衆議員、外相，以退出國際聯盟馳名。

譯註一一：這似是指陳友仁於一九三一年夏天，到日本與當時的外相幣原密談時候的事而言。詳見林正義編「昭和秘史」（鹿島研究所出版會，一九六五年），五三——六二頁，作者爲須磨彌吉郎。

譯註一二：二・二六事件是一九三六年二月廿六日，陸軍內部皇道派青年軍官受北一輝的影響，企圖用武力改造日本，動員一千四百多名士兵，開始叛亂，殺死齋藤實內大臣、高橋是清大藏大臣、渡邊錠太郎敎育總監等人的事件。叛亂軍後來歸順，政變由之失敗。

譯註一三：石射猪太郎（一八八七——一九五四），福島縣人，上海東亞同文書院畢業。曾任吉林、上海總領事、外務省東亞局長，戰敗當時是駐緬甸大使。

譯註一四：神兵隊事件是一九三三年七月所發覺，右翼政變未遂事件。

譯註一五：興亞院是中日戰爭初期，爲處理對中國政治、經濟、文化而設立的機構。

（原載一九八四年十月卅一日「近代中國」）

# 六、東亞新秩序構想與英國

## 打破現狀的論理

如果有人舉出近衞文麿是在到太平洋戰爭的昭和史中，扮演過極其重要角色的政治家，我相信不會有人提出異議。因爲中日戰爭的勃發與擴大，以及德義日三國同盟這個到戰爭之路的重大里程碑，都是近衞內閣的產物。

近衞在青年時代，第一次世界大戰結束時，曾經發表過「排斥英美本位的和平主義」（一九一八年，註一）的文章，這是衆所周知的事實。在這篇文章，他說：

「英美的和平主義是，提倡方便於維持現狀的無爲主義，與正義人道毫無關係，可是我國論者却醉於他們宣言的美辭，以爲和平就是人道，從其國際地位來說，跟德國一樣，應該提倡打破現狀的日本，竟附和英美本位的和平主義，渴仰國際聯盟有若天來的福音，眞是卑屈萬分，由正義人道來講，宛如蛇蠍」。發表這篇文章以後，弘毅。廣田於一九三三年，就任齋藤內閣的外相，留任於岡田內閣，二・二六事件後出任首相，一九三七年，以近衛內閣外相的身份負擴大中日戰爭的責任。許多人認爲，廣田的對中國政策，始終跟軍部「相依爲命」，但在這裡，我要特別指出自一九三三年至三六年，在廣田手下擔任外務次官之重光葵的存在。爾後，重光歷任駐蘇、駐英大使等要職，戰爭中出任東條內閣和小磯內閣的外相，是個很有代表性的外交官。次官時代的重光，似乎是外務省事實上的樹立政策的中心，廣田外交的中樞。

重光自一九三三年六月十六日，至一九三六年四月十日，擔任將近三年的次官。我們可以說，天羽聲名、廢除海軍裁軍條約、阻止英國貸款中國、協助陸軍分離華北的工作等等重要政策，都是出自重光的構想。現在，我想根據重光在次官時代撰寫的論文：「從國際關係所看的日本」（寫於一九三五年八月一日，註三），來描繪他的外交理念的輪廓。他在這篇大約八萬字的文章裡所一再強調的是，日本外交政策的企圖，在於求取東亞的安定，日本不但具有作爲安定東亞之勢力的實力和信用，而且要世界列國承認日本在東亞的地位。根據重光的見解，所謂東亞是，從新加坡到白令海峽的區域，包括日本、「滿洲國」、中國、暹邏等東部亞細亞的名稱。

重光認爲，世界大戰後維持和平的思想，無異是維持現狀的別名，因而批判國際聯盟、華盛頓條約機構、非戰條約機構，都祇是最適於維持現狀的機關而已。他說：「最希望維持現狀的是世界戰爭的勝利者，……儘量奪取後叫喊維持現狀，其價值自會下降，而這就是今日國際間的現狀」。是即他以爲「欲以不變化之維持現狀的規律集體地約束變化的世界是絕辦不到的」。因此主張爲維持和平，需要變更現狀和打破現狀。他這個想法跟近衛的想法是相通的。

重光在這篇論文提到英國說，僅次於日本在中國具有重大利害關係的英國，如果欲維護她的權益，得承認日本在東亞的地位，這是重光之對英政策的基本。在另一方面，日本對於英國連接印度－南洋－澳洲的線，不作經濟、通商以外的要求，而專心於東亞的安定，但對於暹邏則幫助其建國，確保「東亞之南關」以爲將來之需。換句話說，重光的基本想法是，如果承認日本在東亞的政治優越和支配，日本將肯定英國在該地區的經濟權益。

如上所述，太平洋戰爭以前之日本政治、外交的中樞，雖然有個別的神韻的差異，但對於東亞和世界，却都很希望改變其現狀。

在這裡，特別值得我們注目的是，激烈批評日本殖民政策之東京大學教授矢內原忠雄的有關南進問題的意見。他在中日戰爭勃發前所寫的文章，「太平洋的和平與英國」（註四）說：

「英國、澳洲、荷蘭的國民要牢牢地記住：日本的任何和平主義者，祇要他（她）根本而現實地思考和平！否，愈是和平主義者，愈要求開放南洋的經濟」。

矢內原以為，「日本對南洋的經濟進出，是不可避免的必要，和必然的途徑」。亦即對於日本的資本、商品和勞力之和平的轉入，開放南洋或至少其一定的區域，乃是消除對南太平洋之和平的「曖昧不安」所需要的根本態度，而在這一點，英帝國及在其軍事掩護下的印尼，為不使日本的經濟進出變成軍事進出，實有反省其政策的義務。

與此同時，矢內原對英國警告說：「如果邊拒絕日本的領土進出，又抑制經濟進出，邊為維持太平洋的和平而建造新加坡軍港和大遠東艦隊的話，這是以牙還牙的作法，在某種程度上可能有使軍事行動愼重的效果，但在其究竟還是無法預防武力的衝突，若是，雙方當事者應負相等的責任」。

這等於說，英國的對日政策可以有兩個選擇，第一個是在亞洲的英帝國版圖及事實上在英國軍事掩護下的印尼對日本開放經濟；第二個是強化新加坡軍港以加強在遠東的對日軍事壓力，而其任何一個選擇，都意味着戰爭不可避免或可以避免的選擇。這是一九三七年勃發中日戰爭以前之矢內原的見解。惟由於這是最嚴厲批評日本侵略中國之矢內原的意見，所以纔更值得我們注目。

在這前後，日本本身也站立於十字路口。亦即於六月二十一日，英國艾登外相面告駐英大使吉田（茂），英國有意對中國提供幣制貸款，並要求日本的善意考慮。對於美法兩國，英國也作了同樣的提議（希望美法跟英日一樣爲對中國四國貸款團的一份子）。日本於一九三五年，中國實行幣制改革時，拒絕了英國的提議，但中國的幣制改革則很順利，並成爲中國經濟安定和成長的基礎。

對於一九三七年六月的英國提議，是不是要跟一九三五年當時一樣予以拒絕，對於日本來講是其中國政策的很重要轉捩點，對於這個問題，駐華大使川越（茂）的結論是應該「急轉回」「自九一八事變以來我國所堅持的對華根本方針」，接受英國的提議，參加對中國貸款。川越認爲，英國與中國堅固的連結，不是日本區區的工作所能阻礙，以往日本所主張中日兩國的事，應由中日兩國去解決的方針，和不承認列國援助中國的方式，在現實的政治情勢中，已經行不通了，因此他主張承認英國的主動，參加對於中國經濟的援助，不僅日本有益處，而且祇有這條路可走。（註五）

換言之，川越大使迫廣田外相（近衛內閣）轉變或放棄，自一九三四年天羽聲明以後日本一貫所採取的中國政策。

## 富有的英國

一九三七年七月，中日戰爭開始以後，日軍在華北的作戰，可以說還算順利。但上海附近的戰線，因為國軍頑強的抵抗而遲遲不進，日軍蒙受很大的損失，陷於苦戰，迨至十一月五日，柳川（平助）兵團登陸杭州灣，纔開出一條活路。

中國的抵抗超過預料以上的激烈，以及知道一擊能使中國屈服的，所謂一擊論完全是空論時，在日本心目中出現了說是在支持中國抵抗的英國和蘇聯的存在。由此，在日本，便有人認為，中日戰爭是以英國為代表的世界秩序亦即對既成勢力有利的世界秩序，與像日本欲打破現狀之新勢力的戰爭。而為其典型的例子者，就是十月外務省河相（

唯有這兩個國家合作纔能確保東亞的和平，譬如對於日本所說的財政困難，英國很是同情，或可研究某種融通的辦法，可是日本却堅持要與德義爲友，敵視我們，所以我們祇有形成對抗日德義的強大勢力」。

不消說，格勒基的這些妥協論，沒有爲白鳥所接受，因此他倆的主張，始終保持平行，而對於中國，曾經有過兩三則很有趣的插曲。例如對於白鳥說中國的解除武裝是日本的輿論，格勒基答說，中國的解除武裝，日本如果跟英國和美國合作，其實現不是很困難；對於格勒基之說日本駐兵中國，費用既多，又得不到中國人的好感，白鳥反駁說，中國的國民性不同，他們很放心於紀律嚴格的皇軍的駐紮，同時，英國不是僅僅以七萬軍隊就統治着印度三億的人民等等。這些論點，顯示着白鳥等樞軸派外交官對中國的殖民地意識，很值得我們注意。（註七）

以英國爲「富有國家」，而爲「貧窮國家」之改革現狀之對象的想法，在日本大衆傳播界也有其一定的勢力。

日本主要外交評論雜誌之一的「外交時報」，於一九三八年一月十五日號的卷頭言定義說，第一次世界大戰以後大約二十年的英國外交，乃以以夷制夷主義和抑壓新興民族主義爲兩大支柱，因而主張說，國際聯盟等所謂集體機構，不過是合法化英國操縱世界—以夷制夷主義的一個機關而已。與此同時，以對高度工業化的日本來講，領土、資源、市場是爲其生存所不可或缺的前提，而這樣強調着：

「然而世界的現狀是，雖然不能說完全是因爲英國政策和集體機構之直接作用的結果，但英國式的世界觀和人類觀在支配着全世界，既禁壓日本人的移民，也拒日本人於其市場之外却是事實。他們也許以日本和日本人的饑餓窒息爲快，但一億的優秀民族是不會那麼甘於饑餓窒息的。不得已，遂求確保其生命線於鄰邦的中國，發動其民族活力而爆發的，就是此次對中國的舉動」。（註八）

它的意思是說，中日戰爭，在基本上是打破以英國爲代表之世界秩序的過程。勃發中日戰爭以後，從十月到十二月，很多日本人到英國大使館去示威，他們要求英國停止經由香港給中國援助武器，以及印度的獨立和亞洲由英國帝國主義之桎梏的解放。從英國帝國主義解放亞洲，與尋求確保領土、資源、市場等生存權而插足中國的思想雖然有所不同，但在要從亞洲排除英國的勢力，其內容是一致的。「東洋經濟新報」的負責人石橋湛山，代表上述日本國民的對英意識，於一九三八年年初，對「倫敦泰晤士報」的

東京特派員休・白亞斯提出如下的問題，並把其回答一起刊登於三月五號的「東洋經濟新報」。（註九）

其問題分成幾項，現在我們擧出與本文有關的兩個。一個是日本國民所以對英國不滿，乃英國在全世界擁有廣大的領土，但對於日本和平的經濟活動却殘酷地關閉，由此一部份日本人遂認爲，欲求日本的生存使用和平手段是沒有效的，對這個問題，英國是否能夠開放這些領土的門戶；另外一個是，有些日本人以爲，日本在中國的經濟發展，受到中國擁有廣汎而強大特權之英國的妨害，這是否事實，如果是事實，英國是否有意開放？

對於石橋代表日本國民感情的這個質問，白亞斯特派員擧出「事實」予以反駁。關於第一點，白亞斯反駁說，你說英國反對日本的和平發展，並對日本關閉其殖民地的門戶，但於一九三五年，日本對大英帝國的輸出却達七億一千二百四十萬日元，迨至一九三七年，則增加二五%，爲八億八千二百九十萬日元，在這期間，日本對英國本土的輸出，更增加四〇%。一九三七年，日本對大英帝國的輸出，八億八千二百九十萬日元，遠超過日本對美輸出的六億三千九百四十萬日元，所以日本之非難英國關閉門戶，完全民政府爲對手，就得積極與英國交涉，所以爲解決英日間的懸案，宇垣外相與格勒基英國大使的會談，也就從七月二十六日開始。

對於宇垣外相的這種舉動，外務省內部有支持與反對的兩派勢力。東亞局長的石射猪太郎，極力主張早日實現以國民政府爲對手的和平交涉，但少壯外交官的一群，却強硬反對宇垣與格勒基的接觸。亦卽東光武三、中川融、牛場信彥、甲斐文比古、青木盛夫、高瀨侍郎等八人的少壯外交官，於七月三十日，往訪宇垣於大磯，以「從宣佈皇道思想來說，此時實不應在東亞與盎格魯撒克遜作無原則的妥協」爲理由，要求停止宇垣・格勒基會談。對於此種要求，宇垣答說：

「我向來認爲，（日本）帝國在其究竟要從東亞排除英蘇的勢力……宣佈皇道於世界，但這要有幾個階段，首先處理中國，其次驅逐蘇聯的勢力，然後才排除英國的勢力，所以今日不能同時跟中英爲敵，我們雖然無法借用英國的力量來打中國，但至少我們要使英國停止援助蔣介石」。（註一〇）

但少壯外交官却以與公然倡說援助蔣介石的英國代表舉行會談，表示日本的「軟弱」，而要求停止會談。

宇垣對少壯外交官所作對英方針的說明雖然不很明確，但在近衛內閣裡頭，却有對於中國問題、中日戰爭的解決，以及與其有關聯的對英方針具有明確的理念，並明言這些者，而這個人就是米內光政。主張強化德義日防共協定，締結德義日攻守同盟的板垣（征四郎）陸軍大臣，於八月三十一日，要求與米內海相會談，在星岡茶寮從下午六時談到十一時半。（註一一）

板垣陸相以爲，日本在中日戰爭所以不能達到其所預期的目的，是因爲北有蘇聯，南有英國的策動所致，因此就德義日攻守同盟不僅要以蘇聯爲對象，而且要包括英國事欲求得米內海相的諒解。米內的結論是，他反對強化現有的防共協定，但陸軍如果非收拾其撒下種子不可的話，祇有贊成以蘇聯爲對象。但如果也要以英國爲對象的話，米內將不惜以去職來阻止，表示絕對反對以英國爲對象，因此會談遂決裂。

問題是米內不惜以去職反對以英國爲對象之攻守同盟的理由。是即米內對於中國問題的解決，具有唯有與英國協調纔有可能的明確認識。他說：

「日本與在中國沒有權益的第三國合作，而欲把在中國擁有最大權益的英國驅出，實在是一種觀念論，從日本的現狀來看，這既做不到，也做不得。」

米內認爲，欲從中國把英國趕出去，祇是一種觀念論而已，日本對中國如果沒有排他獨善的意圖，英日關係可好轉。米內覺得應該在和平中覓求中日貿易的發展，以鞏固滿洲國的基礎，並以「日本的對華政策，應以這個意念爲基礎，我們如果能夠放棄得隴望蜀的野心，對華政策自應在和平中推行，因此我們祇能與列國協調，焉可與特定國家締結特定的協約」，努力說服陸相。米內的見解是一種現實論，對於喪失自制力而軍事侵略中國的日本，實具有制止的作用。我們如果把它跟宇垣外相的對英交涉論來比較，米內的觀點，則更爲根本，乃是基於堅定的政治理念。

一九三八年十一月，在佔領武漢、廣東等長江流域和華南要衝的階段，近衞內閣發表日本戰爭的最後目的在於「建設確保東亞永遠安定的新秩序」。而有田外相則於十二月十九日的外國記者招待會中，就東亞新秩序的內容作了如下的說明：「形成日滿華三國緊密聯絡體的必然性，乃在政治上因爲要從赤化的魔掌防衞自己，和維護東洋文明，在經濟上對於世界普遍實行高關稅的傾向，和把經濟手段用於政治目的的傾向，需要講求自衞手段」。（註一二）

但有田却強調日滿華三國的經濟集團，決非closed system of trade，並說雖然有人以爲日滿華三國經濟集團的形成，是要由東亞把外國的企業、資本和貿易排除，但我們不僅無法從東亞把歐美各國的經濟活動完全趕出，事實上這是不可能的，而且價廉物美的日本商品到處受到差別待遇，但日本仍然相信商業的機會均等，將爲各國和世界帶來繁榮。有田又強調說，當然第三國在中國的經濟活動，要受到日滿華三國的國防和爲達到經濟自主而需要的限制，這種限制是大英帝國和美國所認爲必要的，而就是有了這種限制，列國還是有廣汎的商業上和經濟上的活動餘地。有田又說，滿洲國的總貿易，在「獨立」前的一九三〇年是十億六千萬元，迨至一九三七年爲十五億三千萬元，在這期間，英美法三個國家對於滿洲國的輸出額，各增加三五・三%、九八・九%和三三・二%，以證明滿洲國並未關閉她的門戶。這個談話雖然是說給外國記者聽的，但由此我們也可以看出，有田仍然認爲與列國的經濟合作是可能的。

一九三九年四月九日，新任天津海關監督，而與日本協力的程錫庚在天津英國租界被暗殺，憤怒於英國租界當局拒絕引渡犯人的日軍，遂從六月十四日起實施封鎖天津英法租界。英國張伯倫內閣的哈利法克斯外相，對日本提出嚴重的抗議，同時爲了解決事件，透過在東京的格勒基大使向有田外相要求交涉，因而於七月十五日，舉行了第一次會談。會談的前後，東京正在排英運動的狂風暴雨之中。七月七日，中日事變兩周年紀念日時，陸軍省的清水（盛明上校）情報部長發表了如下的聲明：「在現階段，時局的本質，除要消滅蔣政權以外，跟蔣為一體之兩面的英蘇，尤其是英國，在客觀情勢上，成為處理事變的對象」。（註一三）

開始第一次會談的前一天，亦即七月十四日，是反英運動的一個高潮。這一天，由東京府議會議員和市議會議員主辦的反英市民大會，一共有六萬五千人參加。第一會場的日比谷公會堂，擠滿了大約三千五百人的代表，其他參加者則集合於第二會場的日枝神社裡頭山王台地，從下午兩點多，開始對英國大使館、陸軍、海軍、外務三省遊行示威。這個規模宏大的反英大會，通過了以下的抗議文：「我們七百萬東京市民，基於興亞民族的總意，決心徹底粉粹正義人道之公敵英國，英國應該排脫一切迷信，歸還租界，即刻滾出東亞」。（註一四）

無疑地，陸軍曾經慫湧了一般民衆的排英運動，而內務省也鼓勵了他們的反英運動。根據內務省警保局局長（安藤狂四郎）於七月一日，對各廳府縣首長發出的通告，它許可了集會和遊行，並指示「對抨擊援蔣之英國的言論要寬容」。（註一五）這些反英運動的眞正目的是什麼，於召開前述反英市民大會的七月十四日，往訪海軍省，並勸告山本五十六海軍次官辭職之貫徹聖戰同盟的勸告文寫得很清楚。它抨擊山本說：

「從此次戰爭應該爲透過日英戰爭，以建設皇國世界新秩序的聖戰這個眞義來看，與英國斷絕邦交，締結德義日軍事同盟當是日本目前刻不容緩的必需國策，但依靠英國之現代的幕府之支配勢力，却爲維護其現今的利益，而在頑強地阻止。且貴官竟以親英派勢力的前鋒，與米內海軍大臣勾結，處處阻碍皇國國體新國策的推行，從而導致赫赫的皇國海軍，變成重臣財閥之私兵的危險……」。（註一六）

米內留任於平沼（騏一郎）內閣爲海軍大臣，與有田（八郎）外相一起牽制把英國當作德義日三國同盟的對象。所以我認爲，策動反英運動的目的，在於要把蘇聯和英國當作對象以締結德義日三國同盟，以及警告反對同盟的親英派（現代的幕府支配勢力）——重臣財閥。

此時，事實上曾經發生了暗殺親英派大官的未遂事件。亦即於七月十五日，被警視廳逮捕的淸水淸二等三人（六日被逮捕），曾計劃炸死內大臣湯淺倉平。淸水之所謂親英派的健將是，湯淺倉平、牧野伸顯、山本五十六，其次是一木喜德郎、池田成彬、岡田啓介、松平恒雄、、原田熊雄。淸水的斬奸狀說，湯淺等人的罪狀是：「杜絕天皇親政，抑壓皇權，私有政權，此其罪狀一；不理解中日聖戰的眞義，提倡亡國的和平論，阿諛追隨英國，以失墜皇權，此其罪狀二；妨害軍事作戰，與英國勾結，使日本國礎陷於危殆，此其大罪三」。（註一七）

與此同時，八月間，在倫敦的重光大使，注意到英國張伯倫首相之對日政策逐漸採取着「實力」的政策，而認爲日本也需要以「實力」對抗「實力」。此時，日本面臨着由中國把英美等所謂民主主義諸國的勢力趕出去，還是跟她們協調，二者擇一的問題，而重光則以爲：「祇要日本是東亞的安定勢力，政治上的責任便應由日本負擔，列強的政治勢力該當撤退，如果她們不肯退，只有把她們趕出去」（註一八）。是即迨至一九三九年，重光還是採取一九三三年當時的立場。

## 「英帝國的解體與日本的將來」

一九三九年八月二十三日，由於德國突然與蘇聯締結互不侵犯條約，平沼內閣遂提出總辭職，並由阿部（信行）陸軍上將出面組閣（二十八日）。日皇召見阿部時，對於外交，特別舉出國名要他採取與英美協調的方針，明確地指示，實在很值得我們注目。

（註一九）

就憂加強與德義的合作，並提倡與英美協調者，不祇是所謂重臣的一群。譬如「信濃每日新聞」的主筆，一直批評軍部，一九三三年，事實上已經被革職的桐生悠悠，在其個人雜誌「他山之石」，一九三九年九月，納粹德國開始進攻波蘭，勃發第二次歐洲大戰以後，就中國問題說：「東亞的新秩序，祇是日本與中國的同意，還是不會出現的。除非諸外國，尤其是在中國具有重大利害關係的英國和美國的承認，是無從實現的。換句話說，除由依靠這兩個國家特別是英國，東亞的新秩序，在一切方面都鮮有希望的」（一九三九年十一月五日）（註二〇），並就歐洲戰爭的趨勢說：「這個戰爭，跟第一次歐洲戰爭一樣，將歸於民主主義的勝利。中世紀黑暗時代的獨裁政治，縱令冠着『近代的』這個名稱，還是會因爲獨裁而滅亡」（註二一），因此預測納粹德國的戰敗。

前面我們已經說過，阿部內閣是日皇指示他要跟英美協調而成立的，而野村（吉三郎）外相也認爲，爲了防止英日天津會談中，由美國通告要廢除的美日通商條約失效（一九四〇年一月），以及中日戰爭的現況認識，欲復興中國佔領地區的經濟，都得與英美合作。但其具體的方策，却因爲遭遇到陸軍和外務省內部革新派（樞軸派）的反對而無法實行。

一九四〇年一月十四日，阿部內閣提出辭職，湯淺內大臣個別徵詢重臣的意見，並徵得西園寺（公望）元老的諒解以後，以內大臣的責任，奏請米內光政出面當政。這是因爲湯淺覺得，米內是成立阿部內閣當時，日皇之要與英美維持友好關係的指示最適合的人選之一所導致。而大事震撼如此成立的米內內閣者，就是德軍在歐洲戰線勢如破竹的勝利。

四月，德軍佔領丹麥和挪威，五月十日，怒潮澎湃地開始進攻法國、荷蘭和比利時，十五日，荷軍投降，六月十四日，德軍進城巴黎，因爲法國的投降，歐洲情勢完全一變。至此，日本遂注目於法國和荷蘭在亞洲殖民地的歸向。有田外相於五月，對英德法代表要求維持荷屬印度尼西亞（現在的印尼）的現狀，三國事實上同意。六月二十九日，有田又透過廣播電台說，東亞各國與南洋，無論在地理、歷史、民族和經濟都具有極其密切的關係，並表明將謀求包括東亞、南洋爲一體之共存而安定的日本方針。但陸軍却不滿意有田的談話沒有表示要強化德義日三國樞軸的問題。

在基本上，米內首相仍然反對三國樞軸的強化。這時，米內在聊天中曾經對法制局長官廣瀨久忠這樣說過：「希特勒和墨索里尼是暴發戶，不能跟他們混在一起。但日本却有三千年的歷史。因此萬不能令日本天皇跟這些暴發戶在同一個舞台上握手」。（註二二）

德軍在歐洲大陸壓倒性的勝利，尤其是法國的投降，使非難米內內閣爲親英米法之內閣的陸軍和右翼的攻擊更加激烈。

根據有田外相六月二十五日的訓令，向英國政府要求停止由緬甸途徑輸送援蔣軍需品的重光駐英大使於二十七日，對巴特勒次官就米內內閣在日本國內的地位說：「現今的政府，被攻擊爲親英法而立於困境」（註二三）。重光說，其非難的原因是，歐洲大戰一年以後的今日，英國仍然採取着援助重慶國民政府的政策，今日，對於援蔣供給物資問題還得跟英國交涉。

格勒基大使於七月十二日，回答有田外相說，願意關閉滇緬公路三個月。而根據一九四一年八月二十五日，格勒基大使對於豐田外相的說法，它是「考慮了改善英日間感情，和由英國調停成立中日和平之可能性」的措施，關閉協定成立後，米內內閣崩潰了。的確，英國答覆關閉的四天後（十六日），米內內閣因爲畑（俊六）陸相的辭職而垮台了。換句話說，這是由於「米內內閣的性格，極其不方便於與德義磋商，因而很可能錯過時機」（七月八日，阿南陸軍次官對木戶的談話，「木戶日記」）的倒閣。

米內內閣垮台以後成立的第二次近衛內閣起用松岡洋右爲外相，九月二十七日，德義日三國同盟宣告降世。對於誕生三國同盟的衝擊，格勒基大使於十一個月後的一九四一年八月這樣說：

「成立上述同盟當時，英國覺得她最困難的時候，好像從背後被日本刺了一刀（stabbed in the back at the time of our greatest difficulty），從此以後，英國對日本就不敢有任何幻想了」（八月二十五日，與豐田外相的會談）。

我認爲，這是英國對三國同盟坦率的印象。

在一九四一年四月號的「改造」雜誌，以所謂京都學派的一份子而對學生、知識階層具有很大影響力的京都大學教授鈴木成高，發表了一篇「大英帝國的過去與未來」。在這篇文章裡，他說使英國在十九世紀能夠稱霸世界的基本因素是，其對內的民主主義和對外的殖民帝國與自由貿易；但又強調說，民主主義是十九世紀的原理，在今日逐漸沒落，自由貿易已經被放棄，大英殖民帝國與民主主義將成爲過去。根據鈴木的見解，第二次歐洲大戰是對大英帝國本身的抗議，而日本與中國的戰爭以及其南進政策，也都是世界秩序之變革過程中的一環。

「這兩個戰爭，可以說是否定或修正以舊秩序爲主柱，盤踞全球之這個（英）帝國的存在所無法避免的」。

鈴木認爲，英國的沒落是世界史的必然。

七月十八日，摒除反對從四月在華盛頓開始的美日交涉，並堅持三國同盟的松岡外相，而成立了第三次近衛內閣。新外相由第二次近衛內閣的商工大臣豐田貞次郎海軍上將轉任。豐田就任外相以後，日本進駐越南南部、英美荷凍結日本資產、提議近衛・羅斯福會談等等，局勢一直在激變。在這種情勢之下，豐田外相與格勒基英國大使於八月十一日、二十五日和九月二日，舉行會談（註二四），以嘗試緩和與打開局面。

八月十一日，在外相官邸的會談，豐田外相與格勒基大使曾經就英日關係的惡化，交換了坦率的意見。其焦點是在泰國軍事情勢的緊張化。格勒基大使說，日本意圖把泰國納入東亞共榮圈，獨佔泰國的全部物資，對泰國施加壓力，要其廢除在英泰間已成立的契約，但英國不能是認日本的這種政治優勢，爲緩和英日關係的緊張，必須消除在泰國的危機（scare），因此希望在英日之間，成立日本不在泰國要求軍事上和政治上的優勢地位，並不威脅英國的諒解。如果能夠成立這種諒解，目前停頓中的大英帝國與日本的貿易，不久的將來，在一定的範圍內，有恢復的可能性，並將鼓勵荷屬越南採取同樣的措施。

格勒基大使雖然承認英國在馬來亞增加了若干的軍隊，但却強調這是屬於預防和防禦的性質，並說：「但我們不能旁觀具有攻擊意圖的強國，基於有所企圖的國家的唆使迫近英領和越南，由於越南是印度、馬來亞與澳洲和紐西蘭的交通樞紐，所以英國把第三國對於越南的威脅，當作對英國生命線的威脅，因此對於越南的攻擊，我們決心予以抵抗」，以表明越南是英國的生命線。對豐田外相問其所謂「有所企圖的國家」何所指，格勒基舉出德國和中國並說，德國唆使日本處處與英國作對，蔣介石也是一樣，在策劃英日的衝突。

豐田外相重複，中日戰爭以來日本一貫所說，中日戰爭之所以長期化和日趨擴大，是因爲英國援蔣，對此格勒基大使答說，德義日三國同盟以前，英國經由香港對蔣的武器援助，祇是蔣政權武器總輸入量的二至三％，遠不及德國的六〇％。成立德義日三國同盟以後，英國的對蔣援助雖稍積極化，惟因歐洲大戰，故其數量並不能左右蔣的抗戰能力，是卽蔣介石的抗戰，完全是他們自己的力量。

豐田、格勒基會談，又擧行於八月二十五日和九月二日。在二十五日的會談，豐田要求對方考慮再度關閉滇緬公路，但爲格勒基所拒絕。格勒基說，越南南部的日軍機場，開設於靠近馬來亞的越南國境，因而提醒其注意「對英的威脅」。格勒基認爲，祇提出抗議的時期已經過去了，因此通告日本說，日軍從越南南部撤兵是上策，所以除非日軍從越南撤退，以證實其沒有南進的意圖，或者局勢發生根本的變更（fundamental change of situation），英國對日本的警戒是不會消除的。

於九月二日的會談，格勒基談到八月十四日的英美共同宣言，並對豐田說，在主義上相信日本也不會有意見，但豐田以其立場有困難，而廻避作任何批評。格勒基說這個宣言主張戰後世界的通商自由，它遠比德義所倡的地區間貿易還要勝幾等，對此豐田答說，自由通商雖然爲日本所希望，惟因英美凍結資金，而妨害了（日本的）通商自由。

格勒基大使所希望，交換有關大西洋宣言的意見，於九月十七日，與天羽（英二）次官擧行。對於格勒基說，大西洋宣言最重要的一點是各國立場應爲平等，天羽曾經很坦率地作了如下的答覆。文字雖然稍微長些，惟因它表達了日本人對英國的深層意識，所以還是把它引述。

天羽次官：「這種意思多年來我們由英國聽得不少，但在事實上，各國眞地平等嗎？譬如說在英國，日本人的權益受到限制，事實上，世界並不平等，貴大使在日本幾年，朝夕應該見聞了日本人的種種，以日本人的活動力，和天天所目睹日本人的努力，日本人到底有沒有得到其所應得的報酬？日本人從早到晚工作，其狀況還是在生活水平線的上下，但所有的英國人却比日本人工作得少，而生活得舒適。一言以蔽之，日本人在作着生死的博鬥，但英國人却過着操心於怎樣才能過着舒服的生活。這裡有一個插曲。此次戰爭爆發以後沒多久，我跟與貴大使也私交很好的『愛德華』夫婦，在泰晤士河上游河畔的餐舘吃飯，正在談論英日等問題時，一位夫人帶了一條小狗進來，這位夫人給小狗很豐盛的食物，這條狗眞是飽食暖衣。於是我對愛德華說，以養這條狗的費用，可以養幾個日本的工人，假若是中國的工人，更能夠養活十幾個。在東洋，從凌晨工作到晚上，還有吃不飽的，反此，在倫敦却有許許多多祇以帶着狗散步海德公園爲事的夫人，你覺得這個事實怎麼樣？這個事實

不是充分暗示着國際間的基本問題嗎？」（註二五）

但在這種對英認識之下，企圖變革現狀之鈴木教授與天羽次官的想法，却與在倫敦之上村（伸一）代理大使對局勢的看法有很大的距離。上村逐漸認爲，歐洲戰爭的前途，對樞軸國家並不利，而最後的勝利將屬於英國這一邊。由於德國對蘇戰爭的損失很大，因而登陸英國的作戰也不可能實現。與此同時，隨美國軍事生產的擴大，英國人以爲在軍事上卽將趕過德國，最後的勝利屬於他們，因此士氣高昂。上村將此種情形向日本政府這樣報告說：

「到目前爲止，英國並未完全放棄維持太平洋之和平的希望，但以日本插足越南爲契機，英國已經全盤地結束其所謂對日宥和政策，因此除非日本自動自發地與英（美）在英（美）所希望的一線妥協，英（美）不會對日本伸出手來，更不會與馬馬虎虎伸出手的日本握手。他們似已不在乎其與日本的關係如何發展，更不廻避戰爭」。（十一月十一日，七三五號電）（註二六）。

十天後的十一月二十一日，上村立於國家百年的大計，對東條內閣的東鄉（茂德）外相呈報日本不能再自大，應該臥薪嘗膽。他說：

「職深信，此時，爲國家百年大計，如俗語所說，欲伸者必先屈，我們應該忍耐一時之不體面，一舉解決中日事變，俾成立美日會談，以此爲轉機，臥薪嘗膽，除去國民的自大，專心於培養國力，以爲將來的活動才是最可靠，最實在的國家大道」。（七六二號電）（註二七）。

一九四一年十二月八日，太平洋戰爭爆發。十日，英國所自豪的威爾斯、勒巴爾斯兩條戰艦在馬來亞海面被日本空軍擊沉。登陸馬來亞半島的日軍，爲進攻新加坡開始南下。次年二月，綜合性雜誌「改造」刊出題名「英帝國的解體與日本的將來」的卷首言。它說：「以六千六百萬盎格魯撒克遜人統治全世界的五分之一，大於英國本土一百四十九倍的土地，將近五億人口之英國的命運，其崩潰的跡象已日趨濃厚了。他們開口閉口文化，一手專賣正義和博愛，但幹得却是剝削、盜取亞洲、非洲等愚昧的民族，以資自己快樂。……是卽在今日，日本正以從死裡求生，死中就義的決心，向英美的暴戾挑戰」。

這篇卷首言又說：「英國在東亞的沒落，已經到了無可救葯的地步」，以爲英國之淪爲二流國家，大英帝國之解體已在眼前，因而鼓勵日本人說：「我們應該好好思考怎樣重建他們在印度、緬甸、海峽殖民地、婆羅洲、馬來西亞祇扮演高利貸角色以後的狀況，而其對策應以聰明而該以勇氣去解放的民衆爲對象」。

要之，未能擺脫對於英國，或者以英國爲其象徵之西歐的自卑感，並寄望於西歐之戰爭的日本，祇有以英國貴夫人養一條狗的費用，能夠養活幾個日本工人之天羽次官的發言，與在馬來西亞海面，英國最精銳的戰艦被擊沉的消息來塡補其卷頭言。對於日本來講，這是很不幸的現實。

## 註釋

註一：岡義武「近衛文麿」（「日本及日本人」，一九一八年十一月十五日號，一〇一一三頁）。
註二：在巴黎，近衛文麿「從巴黎」上，（「太陽」，一九一九年八月號）。
註三：「外務省紀錄」S一二〇〇一三九，「重光大使的歐洲政局報告」。
註四：「改造」（一九三七年七月號）。
註五：拙稿「日中戰爭」，三一一三二頁）。
註六：赤松祐之「昭和十二年的國際情勢」，四八五一四八六頁。
註七：「外務省松本紀錄」，A一〇〇五，「外務大臣及其他本省員會談要領集」，第二卷。
註八：「英日關係的近況（集團機構與維持現狀主義的破產）」，（「外交時報」，一九三八年一月十五日號）。
註九：「英國應該瞭解日本的立場」（「東洋經濟新報」，一九三八年三月五日號）

。「石橋湛山全集」，第十一卷，四一一—五一頁。
註一〇：「現代史資料」3，三五一—三五四頁。
註一一：高宮太平「米內光政」，九四—九九頁。
註一二：「外務省紀錄」A一一〇—三〇，支那事變一件，第三十一卷，赤松祐之「昭和十三年的國際情勢」，一七〇—一七三頁。
註一三：梨本祐平「東亞政局的進展與通貨問題」，（「中央公論」，一九三九年八月號。）
註一四：「東京朝日新聞」，一九三九年七月十五日。
註一五：「木戶幸一關係文書」，四三〇頁。
註一六：海軍省法務局保管「日德義軍事同盟締結要請運動綴」，阿川弘之「山本五十六」，一七〇頁。
註一七：「湯淺倉平」，三九一—三九三頁。
註一八「外務省松本紀錄」，A二〇〇X一「重光大使的歐洲政局報告」。
註一九：「木戶幸一日記」，一九三九年八月二十八日，七四三頁。

註二〇：太田雅夫編集・解說「桐生悠悠反軍論集」，三三九－三四一頁。

註二一：同右，三四六頁。

註二二高宮太平「米內光政」，一三七頁。

註二三：「外務省紀錄」，重光大使給有田外相，第一一一一號，一九四〇年六月二十七日。

註二四）「外務省紀錄」，A一〇〇五，「外務大臣及其他本省員會談要領集」。

註二五：同右。天羽次官又說：「日本人自明治開國八十年以來，非常努力才有今日，但在巴黎會議提出人種平等案却遭遇到英帝國代表的反對，因九一八事變要求生存權，英國也反對，日本人欲到海外，英國殖民地則關閉其門戶，幾年前，英國對日本商品課徵高率關稅，設『配額』制以拒日貨進去。如此這般，日本的人和商品到處受到英國的反對。換句話說，英國之妨害日本的自然發展這個事實實在很值得英日兩國當局深思，老實說，我們希望英國人能站在日本人的立場來看和處理問題」。

註二六：「外務省紀錄」，A七〇〇九－六三「大東亞戰爭關係一件。館長符號報來電綴」，第三卷。

註二七：同右。

（將刊於「政治評論」）

# 七、近代的中日關係

## 一、中日邦交的開始

近代中日兩國國民的接觸，可以說始於極其不尋常的形態。與一八五九年開港同時，到日本來的中國人日趨增加，迨至德川幕府末年（十九世紀中葉），橫濱已經有一千人左右。在這些中國人當中，最早前來日本的，大多是歐洲、美國商人或者外交官的家庭佣人，跟隨其主人一齊到日本的。從日本來講，他們是完全無條約國的人民。但這些「南京人」，在英國商館裏頭者則稱爲英國人，而列國也要求日本把他們當做該國人處理，因此，限制和禁止無條約國人的來日與居留，在事實上非常困難。

反此，居留日本的外交官，調到中國時，也有帶着日本佣人前往者。總之，作爲歐美人的佣人，開始近代之中日兩國人民的接觸這個層面，實在是非常適合於這兩個國家所處國際環境的象徵性事件。

在十九世紀中葉所實現的，歐美列強與中日兩國交通的開始，正如自始至其開國的經過，以及兩國不得不簽訂的條約所示，不是平等互惠的。中國因爲鴉片戰爭以後的南京條約和一連串的條約（可以一八四四年中美望廈條約與中法黃埔條約爲代表），喪失關稅自主權，同時片面地予列強以領事裁判權和最惠國條款。美國的使節帕利於一八五四年再度來日，與日本開始交涉締結條約時所提出的草案，跟十年前和中國所簽訂的望廈條約，幾乎同其內容。由於德川幕府拒絕貿易，所以於同一年締結和親條約，至於與哈理斯簽訂通商條約，乃是四年後的一八五八年的事情。美日通商條約是日本與諸列國之開國條約的典型，而其爲十足的不平等條約，是不待煩言的。日本與中國，在時間上雖然相差十幾年，但却都跟歐美各國簽訂同樣的不平等條約，從而面臨了苦難的時代。

不過在中國，以阿羅號事件（一八五六年）爲開端的第三次鴉片戰爭的結果，對歐美各國不得不作更大的讓步。其中比較重要的是，歐美人以商業上的目的，可以旅行中國內地的任何地方這件事。（中英天津條約）在這以前，居留中國的外國人，如果超越開港港口四周一定的短短距離而揷足其地方，則將受到處罰，但自簽訂天津條約以後，洋人便能夠在內地自由通商，而由此更加深了歐美資本主義諸國之市場達於整個中國。

根據歐美諸國與日本的通商條約，外國人並不許在內地通商。在美日通商條約，外國人可以行走的，原則上限於開港港口周圍十里以內，而且祇是步行。同樣爲不平等條約，在日本和中國，却有很大的差別，中國的地位遠比日本不利，所以這一點，當中日兩國開始國交時，成爲一個問題。

德川幕府於一八六二年，派遣貿易船千歲丸前往上海。船長和船員都是英國人，它載着長崎會所調役沼間平六郎及幕府派遣的官員、商人、隨員等五十一人。隨員之中，有長州（譯按：今之山口縣）的高杉晉作、佐賀的中牟田倉之助等人，而薩摩（譯按：今之鹿兒島縣）的五代才助（友厚）則爲水手。千歲丸在上海停泊大約兩個月，此時日本的知識分子，對於中國特別是上海的情況究竟覺得怎麼樣呢？當時，中國部分地區正在動亂之中，上海一帶面臨着太平軍的威脅。高杉晉作在其所著「上海掩留日錄」這樣寫着，在上海（當時已經有英、法、美的租界），「中國人統統爲外國人所役使，英國人、法國人等走在街上時，中國人便躲在路旁讓路。上海雖然屬於中國，但說是英法的屬地也不爲過」，而慨嘆着自卑的中國人的情況。

納富介次郎在他的「上海雜記」也描繪着同樣的光景。有一次一個人在城內徘徊，權大丞柳原前光，携帶着外務卿澤宣嘉的書信到達了天津。柳原面謁直隸總督李鴻章，主張締結條約的需要說：「貴國商民在我國謀生凡三百年，今日充滿於各港口。查其人口，不下三千人，若無條約相守，將以何保永好」。澤宣嘉的書信也說，近年來，日本與歐美各國都訂了條約，而與應該最先交誼的鄰邦中國却沒有國交，實在太遺憾了。對於日本的提議，跟以前一樣，中國回答說沒有新訂條約的必要。惟因李鴻章和兩江總督曾國藩都認爲有交往的必要，所以約定次年再議。

一八七一年，大藏卿伊達宗城以欽差大臣身分，被遣派到中國，在天津山西會館，與中國代表李鴻章等，開始作締結條約的交涉。看了日本所提出的條約草案之後，中國代表覺得非常不滿。日本提案的內容，係以中國跟列強所締結的不平等條約爲基礎的。應寶時（江蘇按察使）代表反駁說，日本草案是完全承襲中國與西歐的條約，這種片面的草案，中國絕不能接受。而爲中國所最憤慨的是，日本片面地要求天津條約所規定內地通商的特權。李鴻章抨擊對方說：「日本人貧窮而貪婪，多詐少信，而且由於其容貌與文字類似中國人，因此日本人入內地從商所可能發生的弊害，遠比歐美人爲甚。對日條約的要點，在於拒絕日本在內地通商」，而堅拒日本的要求。日方雖然曾經努力於說服中日兩國應該互相承認彼此許可給與歐美諸國的範圍，但中國未予理睬。結果，日方以「方今日本人民只到上海，不談內地通商。」並以跟歐美諸國不同的立場，與中國簽訂條約。

正式開始國交的條約，清日修好條規及通商章程三十三款，簽字於一八七一年九月一日。條規凡十八條，規定不侵略領土、尊重自主權、友好與互助等等，互相擁有領事裁判權，完全平等的條約。一八七三年為交換批准，外務卿副島種臣，以大使身分被遣派中國，四月底完成交換；五月一日，副島、李鴻章舉行會談時，副島大使說，自中日兩國與歐洲各國開始國交以來，許可他們以租界，但這是歐美人在其國內所不許可者，因此，日本為取消這種不平等，準備「修改條約，以恢復公法上普通的主權」。是以就中日兩國來講，如何擺脫被歐美各國所加不平等條約的拘束，乃成為共同的，和最大的課題。

## 二、臺灣・琉球・朝鮮

與開始邦交的同時，日本傾其全力排除中國在日本四周的影響力。換句話說，對於與中國具有宗屬關係的朝鮮和琉球，以及所屬領土的臺灣，相繼地實施了強硬的措施。跟隨副島大使的柳原副使，與總理衙門大臣會談，質問是否可以認爲，中國不干涉朝鮮的內政，對於朝鮮的和戰，不加以任何干預，並得肯定的答覆。其次對臺灣說，前年日本國民漂流在臺灣東部土蕃之地被殺害，雖無意問罪，而祇通告。中國方面答說，他們曾經聽到琉球國民被「生蕃」殺害，但不知道其中有日本人，琉球是中國的藩屬，所以逃出來的琉球人，中國都把他們救了，並送回其本國。柳原說，琉球久屬薩摩，因此是日本國民；但中國却主張是她的藩屬，因而就琉球的歸屬問題，中日兩國的意見，完全對立。日本抓住中國「生蕃之地」爲政教所不及的話柄，於一八七四年派出「征討」臺灣的軍隊。日本的立場是：「生蕃地區，乃爲清國政府管轄外之地，因此討伐生蕃，沒有受到中國抗議的理由」（寺島外務卿四月一日給英國公使巴克斯書信），所以受命臺灣蕃地事務都督陸軍中將西鄉從道所指揮的軍隊大約三千六百人，於五月間，登陸臺灣南部社寮，開始攻擊牡丹社等地。

日本事先毫無通知，突然出兵中國版圖的臺灣，使中國非常驚愕，並對日本產生強烈的不信任感。對於首任公使柳原前光，李鴻章追問日本的不當出兵說：「日本在無條約時代，兩百多年來從未犯過我國領域，今日一締約便以兵對我」。

日本派大久保利通爲全權大臣前往北京，以協議善後辦法，但中國以臺灣爲其領土，而大久保則以討伐的是「無主」的生蕃地，因而談判遂陷於僵局。英國駐華公使魏德也認爲，日本的主張沒有根據。由於中日兩國都沒有從事全面戰爭的準備，所以於十月底，中國與日本簽訂令「生蕃」今後不再肇事的協定。並支付五十萬兩撫恤金等後，日本由臺灣撤兵。這個協定明示臺灣爲中國領土，但中國同時承認琉球人爲日本國民。

日本對於琉球藩，於一八七五年，命令廢止遣派使節到中國和接受中國的册封，並策劃琉球與中國斷絕關係。更於一八七九年，命令率領熊本鎭臺二中隊的內務大書記官松田道之接收首里城，任命鍋島直彬爲沖繩縣令，實行琉球的廢藩置縣。但翌年，日本以琉球的南端宮古、八重山二島爲中國的領土，以此爲代價，企圖獲得淸日修好條規所未能取得的在中國內地的通商權。當時，中國與俄國之間，發生伊犂境界事件，國交緊張，所以意欲聯日孤俄，因此原則上接受日本的提案，琉球問題幾乎將要妥協。

可是，李鴻章却仍然堅決反對允許日本人在內地通商。他尤其引用駐日公使何如璋（一八八七年底到任）的報告說，日本在外表上雖然整備得不錯，但她的財政却枯竭，勢將發生內亂，因此主張對俄國作些讓步，採取依俄國牽制日本的政策。李鴻章認爲，俄國國力百倍於日本，縱令對日本有所讓步，日本還是無能力援助中國以防止俄國的侵略。由於李鴻章的堅決建言，所謂分島改約（分割琉球諸島以改訂條約）協定，終於成爲廢案，日本還是未能獲得中國內地的通商權。當時，日本對於留日的中國人，實施着完全禁止許可如同給與歐美人可以在溫泉地養病的差別待遇。對於何公使的抗議，寺島外務卿囘答說，中國如果予日本人以歐美人般的待遇，則日本可以准許中國人爲療養而作短暫逗留。由此可見，日本之如何地盼望在中國獲得跟歐美各國同等待遇的一斑。

一八七六年，日本也與朝鮮締結日朝修好條規，並在該條規第一款特別說：「朝鮮國乃自主之邦，保有與日本國平等之權」，意圖否定中國對朝鮮的宗主權。日本雖然這樣努力，但中國對朝鮮的支配力還是很強，儼然爲中國事實上的屬國。譬如一八八二年，中國與朝鮮所締結的貿易章程，朝鮮國王與北洋大臣同格；中國到朝鮮的使節，是由北洋大臣遣派的；中國人具有得入內地購貨的內地通商權等等，中國實擁有許多優惠。而跟日本的條約，貿易限於開港港口，並禁止觀光名勝的內地旅行。在朝鮮的內地通商權，英國於次年獲得，日本依最惠國條款，纔得均沾。

為了抵制中國對朝鮮的支配，金玉均等獨立黨，於一八八四年，乘中法戰爭，在漢城發動政變，竹添（進一郎）公使曾率公使館警衛隊相助，但沒有成功，獨立黨首腦遂亡命日本。從此以後，中國對朝鮮內政的掌握更進一步，井上（馨）外務卿所提出中日共同保護朝鮮案（其第一條說，對於朝鮮的政策，由李鴻章與井上協議後，由李鴻章實行），也被李鴻章以「貴國既然承認朝鮮國為獨立對等的國家，自沒有理由干涉其內政」，而予以拒絕。

中國對朝鮮支配的強化，使日本認識中國具有不可輕侮的實力，但在日本國內，却藉各種理由逐漸養成侮蔑中國人的惡風。其中一個原因是，留日中國人的貧困和生活方式的特殊。

## 三、中日戰爭

正如井上外務卿於一八八七年所呼號：「使我帝國成為歐洲的帝國，令我國人變成歐洲的人民。造歐洲的新帝國於東洋的前面」，為了成為東方的歐洲帝國，日本一意走着富國強兵的道路。就迅速發展和成長的日本資本主義來講，中國大陸是擁有衆多人口和豐富資源的很好市場，因此青木（周藏）外相說：「……由這個國家（中國）輸入我所需要的物品，以製造物品輸出到這個國家，嗚呼！日本的命運和義務正在於此，亞洲東岸的地形，港口夥多，交通甚爲便利，所以中國大陸似欣然等待着我們去訪問」。

而且，中國雖是大國，其中央政府，縱令因爲某種需要所迫，也不可能從全國募集軍資和兵員，福澤諭吉評價她說：「如果見其地廣人多，就以爲其兵源幾倍於日本，那就未免言之過早」；於是日本就乘朝鮮東學黨之亂而出兵，使中國不得不開戰，因而終於一八九四年八月，爆發了中日戰爭。

日軍於九月，擊破駐紮北朝鮮要衝平壤的中國軍後，繼續北上；十月下旬，渡過鴨綠江，衝進中國領土。與此同時，第二軍由奉天半島南岸登陸，十一月二十二日，佔領旅順港要塞。因爲旅順港失陷，北洋陸海軍遂喪失最大的基地和無數的軍需品。迨至翌年，日本在山東展開作戰，一月底攻擊威海衞要塞，駐屯劉公島的北洋海軍，終於二月十六日投降。至此戰局趨勢分明，於是中國依照日本的暗示，任命北洋大臣、直隸總督李鴻章爲媾和全權代表，李鴻章於三月五日動身離開北京，十九日抵達門司。中日媾和會議於三月二十日，在下關（馬關）舉行。中國的全權代表是李鴻章，日本的全權代表爲首相伊藤博文和外相陸奧宗光。日本所提出的停戰條件非常苛酷：

㈠日軍佔領大沽、天津、山海關；這些地方之中國軍的一切兵器、軍需品，要交給日軍。

㈡由日軍軍務官，管理天津、山海關間的鐵路，等等。

李鴻章說：「天津、大沽、山海關三要地是北京的咽喉，乃爲直隸的鎖鑰。如果貴軍長久佔領這些鎖鑰地，事實上我將等於被迫成爲貴國領土之感。此種條件，我不敢報告北京政府」。陸奧全權代表也預測，以這種條件，中國方面很可能撤回停戰提議，但二十四日的會談之後，突然發生李鴻章在路上被狙擊而受傷的事件，因此日本含有謝罪的意思，於三十日，接受了奉天、直隸、山東三省，無條件停戰三個星期。

日本的媾和條約草案，於四月一日交給李鴻章。這個草案，可以說是集明治初期締結清日修好條規以來日本的宿願者。第一，中國承認朝鮮完整的獨立，亦即要中國完全放棄宗主權。第二，日本要求割讓三處領土，㈠包括遼東半島的奉天省南部；㈡臺灣全島；㈢澎湖列島（日軍於三月下旬佔領）。第三，賠償戰費三億兩。第四，締結新通商條約。其要旨爲加入最惠國條款，以便日本均霑歐美諸國的不平等條約待遇。它包括獲得開港港口的工業企業權，北京、重慶等七個城市的開放，長江上游到重慶之航行權的要求等等。並且意圖佔領奉天和威海衞，以利於實行其要求。

日本的媾和條件，遠超過中國的想像。尤其是要求割讓廣大土地，會給中國很大的衝擊。如果奉天南部成爲日本的領土和日本陸海軍根據地的話，日軍隨時隨地可以攻擊首都北京，所以李鴻章要求緩和條件。眼看中國代表在躊躇逡巡的伊藤博文，於四月八日威脅說：「如果不幸此次談判破裂，日本將命令六七十條船隻，載運更多軍隊，舳艫相銜，直進戰地，若然，北京的安危，將不堪言」。事實上，日本大本營已準備在直隸平原決戰，所謂征清大總督彰仁親王，於媾和會議到達重要階段的四月十三日，已由宇品出發，經由威海衞，前往旅順港。

最後，中國屈服於日本的要求，於四月十七日，在春帆樓簽訂中日媾和條約。奉天省南部的割讓地區縮小了若干，賠款減到兩億兩。但於二十三日，日本却突然接到俄、德、法三國要她放棄佔有遼東半島的勸告。勸告的理由是，日本如果佔有遼東半島，將使朝鮮的獨立有名無實，中國的首都北京將陷於危殆，進而有害東洋的和平。在三強國的干涉下，日本不得不放棄遼東半島。

不過，因爲這個媾和條約，和翌（一八九六）年七月在北京簽字的新通商航海條約，中日關係更進了一個階段。中日戰爭以前，兩國在基本上，以平等獨立國家維持其國交；迨至戰後，中日兩國的關係，便變成如同歐美諸國與中國一樣的關係，亦即不平等的關係。日本獲得了其一直期待着的內地通商權，並且享有領事裁判權。交換媾和條約以後的五月底，與陸奧外相會談的俄國公使希特羅華說：「中國還沒加入列國的夥伴，因此必要時可以做任何處分。但日本完全不同，她已爲列國的一員，獲得了歐美諸國中一分子的地位」。

中日戰爭之前，日本廢除了英國的領事裁判權，並與其締結新通商條約，當時，英國外相金巴烈說，對於日本來講，修改條約的成功，比戰勝中國的意義還要大。是以打敗中國的日本，獲得了不平等條約，從而名符其實地成爲亞洲的西歐新帝國。

## 四、從義和團事件到辛亥革命

許多日本的有識之士認爲，在中日戰爭失敗以後，中國大陸勢將爲西歐列強所侵略，甚至於有被分割的可能。福澤諭吉在中日戰爭後不久說，目前的清朝，跟德川幕府的末期一樣，逐漸失去自立力量，而勉強保持其外形而已，早晚要滅亡，因而對於清朝的將來，非常悲觀。

一八九八年，德國以其教士在山東省被殺事件爲藉口，強行租借了膠州灣；俄國也租借了旅順和大連，爲期二十五年，由之獲得了渤海灣的海軍根據地；法國和英國，又各租借了廣州灣和威海衞。如此這般，中國沿岸的要衝，遂爲列強所侵佔。對於港灣的借租，鐵路敷設權的獲得，列強的勢力範圍日趨確立和擴大的情勢，日本也就不得不認爲：「在今日的危機，（日本）帝國如果無所作爲，則有如將清國投擲給羣犬，自己餓死」（一八九八年三月，駐英公使加藤高明的報告）。因此日本便跟着列強之後，於四月間，與中國相約不割讓臺灣對岸的福建省，翌月，並要求在福建省的鐵路敷設權，但却爲清廷所拒絕。

對於列強瘋狂於獲得勢力範圍之高壓交涉，以及基督教牧師之庇護教民，因而具有反感的中國民衆的排外意識，終於附和標榜扶清滅洋的義和團，其勢力，於一九〇〇年，由山東省很快地波及首都北京和天津一帶。長辛店、盧溝橋、黃村等北京四圍的火車達夫）情報部長的談話。

中日戰爭勃發後，在反對「富有國家」之代表的英國的反英運動如火如荼時，格勒基英國大使於一九三七年十二月十三日和十四日，曾經跟以所謂革新派外交官而受人注目的白鳥敏夫（公使，在外務省服務中）會談。這個會談乃是，以英國大使館一向祇與日本的「自由主義份子」接觸，其情報來源太有限爲理由，而由英國大使館陸軍武官比哥德所安排的。在這個會談，白鳥強調民主主義諸國與共產俄國在思想上站在同一個平面上，亦即這兩者的世界觀都是以唯物史觀爲基礎的；反此，德國和義大利却採取與唯物史觀的馬克思主義絕不相容的政治哲學，意圖根絕個人主義觀念，跟日本的建國原理非常接近。對此，格勒基以所謂全體主義不外乎是中世紀的獨裁主義，而詳細說明民主主義的長處，並以白鳥的口吻，大罵德義的政治機構。

格勒基對白鳥提出兩點疑問。第一點是「日本與我們的敵人（單數，暗指義大利）合作來騷擾我們，實在很不應該，我們覺得日本與無賴攜手跟英國爲敵，不是賢明的政策」；第二點是，在中國，日本想作什麼，以及日本將如何調節英日在中國的關係。關於第二點，他說：「英國擁有日本所需要的東西，日本也具有英國所需要的東西，因此用黃昏，炸毀朝陽門和東直門，衝進城內，把僑民救出來。此時，皇帝和西太后，已經蒙塵西安。日、英、美、俄、法等列國軍隊，在城內舉行了盛大的戰勝示威。列國佔領首都以後，除對中國要求四億五千萬兩賠款之外，又迫中國同意駐屯警衞兵於北京公使館區域，和列國軍隊佔領警備自北京經由天津至山海關的鐵路要地。更強求死刑或者嚴重處分排外暴動的責任者親王及大官等，因此，中國的國際地位，以及清廷在國內的威信，隨之更下降。

俄國軍乘義和團事件南下，佔領奉天等南北滿洲一帶，獲得獨佔支配，因而給予中國重大威脅。英日兩國便於一九〇二年一月，締結英日同盟，主張中國和朝鮮的獨立與領土完整，對俄國施加壓力，要它由滿州撤兵。要從俄國的支配解放滿州，是日本跟俄國交戰的口實，因此美國和英國，也就支持欲阻止俄國南下和威脅中國的政策。美國總統老羅斯福說：「日本玩着我們的遊戲」，老羅斯福對於擊退俄國以後滿洲秩序的維持，具有在列強支持下，由中國人擔任總督的中立地區化構想。而在日本，伊藤博文等人，也有由國際管理委員會來統治滿洲的想法。

但根據桂（太郎）內閣之外相小村壽太郎的構想，實毫無接受中立化案的餘地。小村以為，中國很難以其自己力量長久維持獨立和領土完整，早晚會瓦解並被分割，所以「（日本）帝國現在就得預作準備，打定基礎，他日發生處分清國的大問題時，俾能以優越勢力參加」（一九〇四年七月，媾和意見書）。換句話說，為着迎接分割中國的一天，需要確實掌握滿洲作為日本獨佔的勢力範圍。惟由於開戰的時候，日本明言對中國沒有領土野心，因此小村說，必須在不抵觸它的範圍內達成目的。

在波茨茅斯媾和條約，日本從俄國讓得旅順、大連租借權以及長春、旅順間鐵路及其附屬權益。這個權益的轉讓，需要得到中國的同意，所以在由波茨茅斯回國之小村也參加的桂內閣會議，確認南滿洲屬於日本帝國的勢力範圍，如果中國不同意，決定繼續佔領遼東租借地和滿洲鐵路。

由於中國無法拒絕俄國把南滿洲的利權轉讓日本，因此日本便能夠以南滿洲為其勢力範圍，建立揷足大陸的橋頭堡。戰前之開放滿洲的口號消聲匿跡，歐美人的經濟活動，事實上受到抑制，而意圖由日本人獨佔開發經濟。但日本民間資本之積蓄貧乏，曾有一個外交官（木村銳一）就日本經營南滿洲的實況，作這樣的評價。在長春、奉天、遼陽等地，「街頭最漂亮的店舖是以（日本）同胞為顧客的雜貨店；建築最偉大的為旅館和料理店；在各街道最顯目的是食品、酒類、規模小的飲食店，和妓女出出入入的不正經店舖……官衙兵營堂堂正正，滿鐵的官舍辦公廳魁偉，我租借地及鐵路附屬地完全加上旅宿、料理店而成立的。……我認爲，日本人在滿洲的所謂勢力，除軍人和滿鐵，沒有旁的」（一九〇七年）。

日本打敗世界的強國蘇俄，使在歐洲諸國殖民地過着悲慘生活的亞洲各民族，懷抱獨立的希望和勇氣，因而從各地到日本留學者日增。中國也不例外，廢止科舉制度（一九〇五年）可能也有影響，俄日戰爭前後，中國留學生迅速增加，單單東京就有大約八千人的中國留學生。在留學生最多的神田一帶，到處可以看到把辮子捲起來，將學生帽帶成像富士山的中國留學生。這些留學生裡頭，有受到因爲戊戌政變亡命到日本的康有爲、梁啓超影響，而談論改革清朝統治者；更有主張和計劃根本推翻清朝的革新派。所以清朝政府很留意留日學生的動態。

孫中山先生以留學生爲中心，於一九〇五年八月二十日，在東京組織中國革命同盟會。除沒有留學生的甘肅省以外，十七省的代表數百人參加，孫中山先生被推爲總理，由黃興、宋教仁、胡漢民、汪兆銘等輔佐之。十月，創刊機關雜誌「民報」，主張推翻目前的惡劣政府，樹立共和政體，聯合中日兩國國民，倡導所謂「民報六大主義」。「民報」不僅在留日學生之間，並且寄到中國大陸，對許許多多的青年，灌輸了革命思想。也由於清朝政府的要求，日本政府於該年十一月制定「中國朝鮮留日學生取締規則」，以限制留學生的政治活動。革命運動的中心人物孫中山先生，也於一九〇七年，被迫離開日本。

對於革命派留學生的取締，不僅是因爲清朝政府的要求而爲，陸軍的元老山縣有朋，就非常警戒中國實行政治改革。根據一九〇六年十月，山縣上奏「修正帝國國防方針案」的見解，俄日戰爭的第一個假想敵國仍然是蘇俄，其次是中國。他認爲，中國是日本經濟侵略的對象，同時又是可能成爲不可輕侮的敵國。換句話說，在中國，因爲看到日本在俄日戰爭中獲得勝利，因此收回列國利權的運動遂如荼如火，清廷也表示要採取立憲的意向。所以山縣判斷，今後中國如果整頓財政和軍事，勢將成爲日本強有力的敵國，收回利權運動的鋒芒，勢必對日本的租借地關東州而來，此時，日本將不得不以武力維護利權。因此，山縣不希望中國變成共和政體。

一九一一年十月，中國發生辛亥革命，日本即時對清廷供給武器彈藥，以援助其鎭壓革命軍，同時警戒在鄰國出現共和政體，因此擬以名義上由清廷統治，政治實權則由漢民族掌握的方案，收拾時局，並提議列國，採取共同行動。惟以英國爲首的列國，以有干涉內政之嫌，而沒有贊成日本的提議。孫中山等革命派，固然主張共和政體，而北方的臺柱袁世凱也予以支持（譯按：爲了投機），所以清廷卒於翌年二月壽終正寢。但革命派並未能掌握政權，而成立以袁世凱爲大總統的中華民國。

## 五、第一次世界大戰與二十一條要求

日本早在一九〇七年，與蘇俄訂立密約，把滿洲分成南北，各以其爲勢力範圍。辛亥革命的翌年，更把內蒙古，以北京的經度（東經一百一十六度二十七分）劃分東西，令其各隸屬於其勢力範圍（第三次俄日協約）。因此日本的勢力範圍，便包括南滿洲和東部內蒙古。辛亥革命時，日本把滿蒙的解決留待來日，採取在中國本部扶植其勢力的方針；一九一三年，所謂浪人團體黑龍會的內田良平以爲，日本的中國政策是：「先經營南滿洲和內蒙古，在大陸佔取（日本）帝國的優越地步，掣肘列國分割中國本土之勢，以向南方推進我經濟勢力」。這是日本的所謂保全中國論的典型；亦即日本之獨佔滿蒙，與保全中國本土之相背論理的結合。

內田對中國政策的背景爲：中國人是爲私利私欲，任何恥辱都可以忍受的國民，「在世界國民之中，其性情之惡劣，如中國國民者幾稀」（一九一三年「支那觀」）由於這種判斷，從而導出「大多數中國人是能夠操縱的」這種結論。第一次世界大戰一開始，內田便向首相大隈（重信）建議：「由日本指導中國，中國以我爲規範，中日提攜，以處理東亞問題」，廢止中國的共和政體，並改組爲立憲君主制。

袁大總統於一九一三年四月，由英、日、法、德、俄五國獲得二千五百萬英磅借款，政權安定以後，便開始加強對國民黨和革命派的鎭壓。革命派於七月間發動第二次革命，但一個月就被壓下去，孫中山、黃興、李烈鈞等革命派領袖，遂紛紛亡命日本，日本頓時成爲革命派中國人反袁運動的根據地。翌年七月，以孫中山爲總理的中華革命黨，在東京築地精養軒成立。

第一次世界大戰爆發沒多久，外交部次長曹汝霖以爲是袁的意思，而告訴代理公使小幡（酉吉）說，此刻日本政府對於在日革命黨，如果誠心誠意予以取締，中國將儘量接受日本的經濟上要求。亦卽提議以鎭壓革命派交換利權。因爲歐洲大戰，西歐列強對東亞壓力的減小，對日本是開展其中國政策千載一遇的良機。所以，日本對德國宣戰，佔領山東省的德國根據地以後，於翌（一九一五）年一月十八日，令公使日置直接與袁世凱會面，提出二十一條要求。其要點爲，繼承德國在山東省的權益；將旅順、大連租借地等的期限延長爲九十九年；日本人在南滿洲、東內蒙古一帶的自由來往和居住等等；著名的第五號，更列擧着派日本人作中央政府的政治、財政和軍事顧問，某些地區中日警察的合併，由日本供應武器（譬如中國所需武器的一半以上），設立中日合作的兵工廠，以及華南的鐵路敷設權等項目。

對於這樣重大利權的要求，日本所將給予的祇是除保障袁大總統的地位及其一身一家的安全，贈勳袁世凱及其高級官員以外，在適當時期，將商議歸還膠州灣，以及澈底執行對革命黨和中國留日學生的取締而已。

除第五號之外，中國所最反對的是，日本人要求在滿洲、東內蒙古一帶，自由來往居住，從事工、商、農各種行業，甚至於要土地所有權。問題是，由於保有着治外法權，所以居住內地，具有土地所有權，從事商工業的外國人，不隸於中國的裁判權。中國拒絕它的最大理由是，日本人所到之處，領事裁判權將隨之擴大，由此中國的主權，將受到嚴重的侵犯。連負責交涉的外交總長陸徵祥也引用日本不平等條約時期的先例反對說：「數十年來，中國與他國所締結條約完全沒有此種例子。日本本身，還沒恢復治外法權之前，並沒同意外國人雜居內地和貿易」。一般來說，治外法權的廢除，與雜居內地的許可，應該是交換條件才對。惟因日本的強硬主張，中國僅保留有關土地的訴訟，而令領事裁判權繼續存在，並同意日本人在南滿洲的自由居住。

日本將中國一開始就拒絕的第五號要求，留待他日商議，而發出最後通牒；五月九日，中國終於接受日本的要求。從此以後，這一天成爲中國的「國恥紀念日」。二十一條條約於二十五日正式簽字，條約成立後，農商總長周自齋召見日本大使館書記官船津（辰一郎），毫無忌憚地批評了這個交涉。他首先說，一般中國人認爲，日本乘歐洲多事之秋，輕侮中國沒有抵抗能力，而提出苛酷的要求；並指出，中國人之所以懷疑日本的最大原因是，日本併吞了朝鮮。中國人看到日本說是要擁護朝鮮的獨立，但沒多久却把她吞掉的事實，而正在害怕遭遇到跟滿洲同樣命運時，接到這樣的要求，加以又目睹東內蒙古也將被納入日本的勢力範圍，因此「神經再遲鈍」的中國人，也不得不驚愕。他說：「時至今日，日本的勢力範圍，自滿洲延長擴大到山東和蒙古，爲四百餘州之首腦者的首善地區北京，其三面幾乎爲日本所包圍。中國人士，鑒於過去的歷史，豈能不懷疑日本的野心？正因爲日本在大聲疾呼擁護中國的獨立，保全中國的領土，中國人便更加疑懼。中國人之所以具有在不久的將來，中國可能踏朝鮮覆轍的杞憂，不是沒有道理的。」

當時的中國報刋，一連串地報導在日本統治下的朝鮮人過着何等悲慘的生活，強調中國面臨着成爲第二朝鮮的命運，以促使民衆的發奮圖強。從交涉中，在中國各地，便澈底地實施有組織的排日杯葛，由此棉絲布、雜貨、藥品等日本商品的交易，幾乎降到零，用日本船的貨物和乘客，也大爲減少。根據當地日本領事的觀察，中國當局似在鼓勵杯葛，因此日本對袁世凱政權的不信任，遂愈來愈深。

於是日本決心打倒袁世凱。一九一六年三月，大隈內閣，以「爲實行（日本）帝國的方針，以袁氏脫離中國勢力圈爲方便，任何人取代袁氏，都比他對（日本）帝國有利，乃無容置疑」，而樹立要除掉袁世凱的方針，並付諸實行，但袁竟於五月間，未垮臺之前就憂鬱而死。

袁世凱去世以後，中國政局陷於混沌，不僅南北對立，北方派內部的安徽派（段祺瑞）和直隸派（馮國璋）兩大勢力，以及張作霖奉天軍閥在爭覇中原；在南方，就任廣東軍政府大元帥的孫中山，與廣西軍閥陸榮廷、雲南軍閥唐繼堯對抗，一直繼續着大小軍閥割據各地的不安定狀態。一九一六年成立的寺內正毅內閣，積極支持北方段祺瑞派，準備以其為日本的代言人，因而給予巨額借款和武器援助，助長了南北派的內戰。駐華公使林權助擔憂中國的分裂和由列國共同管理，因此於一九一八年二月，向寺內首相呈意見書，說明南北統一的重要性，並建議日本考慮減少華北的駐屯部隊、廢除治外法權、廢止勢力範圍，和歸還租借地。但寺內首相却認為：「軍憲之駐屯，土地之租借，以及治外法權，雖然有礙於尊重完全獨立國家之體面，但在內治未統一，外交常傾於事大（權勢）主義的中國，這種權術乃是不得已的」。

中國於一九一七年對德國宣戰，成為國際聯盟的一員，而在巴黎和約會議席上，中國代表便說，二十一條條約的拘束力，因為中國參加大戰而消滅，因此希望把膠州灣租借地和山東鐵路等德國的一切權益，直接還給中國。但是，四月底的和約會議首腦會談，却無視於中國的主張，終於五月四日，北京的反日學生遊行隊伍，襲擊了親日派曹汝霖宅，由之數百名學生被捕下獄。六月，在上海，工人團體開始罷工抗議北京學生之遭受大量逮捕，六月二十八日，中國代表拒絕出席對德媾和條約簽字儀式。

第一次大戰期間，歐美各國輸入品的銳減，曾予中國民族資本產業以發展的機會。對於民族資本來講，盤鋸各地能隨意課重稅的軍閥的存在，以及喪失關稅自主權之現狀，乃是發展其產業的最大障礙，因此非常盼望於統一的政府之下，改訂平等條約，以安定國內市場。

同樣地，為了增加對中國的投資和貿易，列強也覺得需要中國統一，所以也就傾向於廢除以往設立勢力範圍的政策。英國外相卡重於巴黎和約會議之後，對日本駐英大使珍田力勸說，以往英國雖然曾經有過努力於確保長江地方勢力範圍的時代，但創設獨佔勢力範圍之時代已經成為過去，因此日本應該放棄山東和滿蒙的勢力範圍。是以在中國日漸抬頭的市民階層，與美英等先進國家，在排除軍閥，廢除勢力範圍，建立統一政府等等逐漸步調一致時，如何因應這個新局面，乃成為日本的重要課題。

## 六、對反帝運動的干涉

一九二一年華盛頓會議中，與海軍裁軍的同時，遠東尤其是中國問題成為主要議題，而以關係中國的九國公約爲首，成立了種種的條約和決議。由此，列強約定尊重中國主權和獨立，保全領土與行政上的完整；幫助中國維持安定的政府；不在中國特定地區設立優越或者獨佔的權益等等。中國在和約會議席上，主張經過一定期間以後恢復關稅自主權，廢除治外法權，並要求撤回外國軍營，關閉外國郵局，歸還租借地，而列國也大致承認了中國的主張。

如果以二十一條條約要把租借期限延長到九十九年爲無效，則一九二三年將是終止包括旅順、大連之關東州的原協定租借之時。因此，中國國會決議二十一條條約的無效，三月十日，廖（恩燾）代理公使往訪內田外相，通知廢除是項條約的全部。當然，內田外相以既然有效存在於兩國之間的條約，「如被貴國隨意廢除，不僅不能爲中日兩國國民帶來親善，而且違反國際道義，斷非（日本）帝國政府所能容忍」，而予以拒絕，由此中國各地的排日運動，又風起雲湧。在滿洲，也以種種方式，提議收回利權。一九二四年，奉天省長王永江，要求收回居住關東州之中國人的裁判權，更發生收回滿鐵附屬地內中國人的教育權運動。換辭言之，指斥滿鐵附屬地內中國人學校使用日本教科書，因而主張把初等教育交還給中國。這些要求，全部被日本拒絕了，但張作霖奉天軍閥，却默認排日運動。

在另一方面，假廣州的國立高等師範學校，從一九二四年一月二十日，召開中國國民黨第一次全國代表大會，通過第一項對外政策是：「取消一切的不平等條約，譬如外人的租借地、領事裁判權、外人的關稅管理權，以及外人在中國領土內行使政治權力，嚴重侵犯中國主權的一切，並將其改訂爲雙方平等、互相尊重主權的條約」，即要求廢除不平等條約。

從該年九月，開始奉直戰爭，直隸派吳佩孚的部下馮玉祥發動政變，與奉天軍妥協，佔領和支配北京。爲收拾政變後的時局，馮促孫中山先生北上，俾與張作霖、段祺瑞建立委員制政府，惟因張作霖的奉天軍由山海關南下，在平津一帶得勢，因此於十一月十四日，在北京成立段祺瑞的執政政府。馮玉祥的政變，在予孫中山先生以北上的機會，助長國民黨勢力伸張到北京的機運這一點，具有重大的意義。

孫中山先生於十一月十日，動身出發由廣州北上時候說，帝國主義和軍閥乘國民沒有自覺，一時仗着其勢威而已，舊時代的武力雖然爲帝國主義所利用，但新時代的武力却爲維護國民的利益，排除其障碍，並要使武力與國民結合，以加速國民革命。北上途中，孫中山經由上海，前往日本，於二十八日，在神戶高等女學校，演講「大亞洲主義」。聽衆達三千人，會場幾無立錐之地。孫中山在演講中首先指出，三十年前日本成功於廢除不平等條約，乃是亞洲民族復興的第一步。他又強調說，對於歐洲，最近幾百年來亞洲民族初次獲得勝利的俄日戰爭，勃興了亞洲各民族的獨立。在今日，亞洲各民族已經達成其獨立，而爲恢復其平等的地位，有團結的趨勢。最後他結論說，日本國民應該愼重考慮，究竟要作西洋覇道的鷹犬，還是要爲東方王道的干城。

孫中山先生逗留日本期間所作的演講和招待記者會中，最希望於日本的是，要日本以回味三十年以前所嚐的苦惱，和同病相憐的心情，援助中國廢除不平等條約的運動。「若是日本眞有誠意來和中國親善，便先要幫助中國廢除不平等的條約，爭回主人的地位，讓中國人得到自由身分，中國才可以同日本來親善。……改良不平等的條約，脫離奴隸的地位，然後中國同日本才可以再來做兄弟。」

孫中山先生於十二月四日，受到學生熱烈的歡迎，抵達天津，但沒多久，因爲感冒而併發肝炎的舊病，臥病床上。由於豎起廢除不平等條約之旗幟的孫中山先生北上，並得到輿論的支持，使英日等列國深具戒心。

十二月九日，列國（美、英、法、義、日、荷、比）對段祺瑞政府發出最後通牒，要求段政權遵照國際慣例，尊重清朝政府及共和政府所締結條約和協定，以及因爲這些國際約定，外國人在中國所享有的種種特權，如果能夠接受這些條件，她們將支持段政權。無需說，這是爲牽制廢除不平等條約論而發的。

在病床上得知段祺瑞說要尊重與列國現有條約的孫中山先生，對於來訪的段祺瑞代表憤怒說：「我在外邊欲廢除不平等條約，但你們却在北京拚命要尊重不平等條約。你們歡迎我去，爲的是什麼？」。十二月底，到達北京的孫中山，其病況更加惡化，並於一九二五年三月十二日，與世長辭。臨終時，孫中山先生說：「余致力國民革命，凡四十年，其目的，在求中國之自由平等」，而遺囑尤須於最短期間，要實現廢除不平等條約。

但對於欲打破不平等條約的中國來講，其國內的最大障碍是，割據於地方和中央，任意擅權之軍閥的存在。譬如要求廢除領事裁判權，祇要軍閥能夠左右公正的司法運用一天，事實上不可能獲得列國的同意。軍閥對居住其支配區域內的人民，幾乎行使無限的權力，而這對裁判亦不例外。而且，這些軍閥與帝國主義勾結，互相利用，狼狽爲奸。因此，孫中山先生於十一月二十六日，在神戶的國民黨歡迎會席上演講說，今後如果要實現眞正的和平統一，必須滅絕軍閥，欲滅絕軍閥，必須打破與軍閥勾結專作壞事的帝國主義，是非常正確的。

而與孫中山先生的逝世大約同時發生的，上海和青島的日本紡織工廠的罷工，以及與其相關連而爆發的，「五卅」事件的經過，當是軍閥與列強勾結，相互利用的最好例子。

從一九二五年二月九日開始的，上海內外綿工廠的罷工，也波及到其他日方的紡紗工廠，而成爲三萬多工人參加的大罷工，不過經過大約兩個星期就告結束了。但這個罷工却同時波及到跟上海同稱爲日本紡紗業中心的青島。在青島有內外綿、鐘紡、日清紡等六家公司，擁有一萬七千多中國工人。四月十九日，日本紡紗公司大康紗廠工會提出十三條要求（承認工會組織，增加工資，以及禁止日本人職員之毆打中國工人等），因遭遇到公司的拒絕，遂開始罷工，而內外綿等紗廠也起而響應。罷工後來變成怠工，其空氣仍然繼續不斷不穩，因此青島的總領事堀內（謙介），便對中國當局要求解散工會，嚴重處罰被解雇的工人代表。於是保安隊爲解散工會和逮捕工人前往工廠，但大康、內外、日清三大紗廠的大約七千工人却佔據「暴動」，使保安隊毫無用武之餘地。所以，日本便由旅順急派兩艘驅逐艦趕往青島，公使芳澤（謙吉）在北京對外交部強硬要求遣派軍隊，即時鎮壓工潮。

當時，青島和山東地方在奉天軍閥張作霖的統治之下，因此日本遂令奉天總領事船津辰一郎，直接向張作霖要求派遣軍隊。張作霖應日本的要求，於五月底，令山東督辦張宗昌出動軍隊，以武力排除工人佔據工廠。張宗昌將逮捕的工人代表護送到濟南，準備予以槍斃，惟因深怕事情鬧得更大的日本人的要求，纔沒有這樣做。得悉軍閥以軍隊鎮壓罷工的日本勞動總同盟代表原虎一等大約二十人，往訪外務省亞細亞局長木村（鋭一）抗議說，對於單純的勞資糾紛，日本政府要求中國當局以武力予以鎮壓，顯然是干涉中國內政；但木村反駁說，自己同胞的生命財產陷於危殆時，不管其為勞資糾紛還是什麼，要斷然維護，乃是政府的責任。

在上海，於五月三十日，因為英國人艾巴遜署長的命令，發生工部局警察對遊行隊伍開槍，死傷二十多名的事件，因此十幾萬工人加上總商會，開始了空前的罷工和罷市，上海租界的機能，由之完全陷於停頓。同時，由上海總工會、上海各路商會總聯合會、中華民國學生聯合會，和上海學生聯合會四個團體組織的工商學聯合委員會，要求廢除領事裁判權、撤退外國陸海軍、收回租界等等，並以上海為首，在全國各地，展開了大規模的反帝運動。

英國從香港增派大約一千五百名的兵員到上海，但中國方面却把反帝運動的目標集中於英國，對日本則採取妥協態度，以離間英日兩國。但為事件之開端的日本紡紗資本，却以縱令犧牲早日解決罷工，也要跟英國合作，而外相幣原喜重郎也堅持與英國聯繫的方針。美國駐日大使也於六月十六日，訪問幣原說，美國承認此次事件與列國具有共同的利害關係，美國將堅持與列國合作。至此，主要列國遂共同因應中國的反帝運動。

與此同時，由於張作霖的命令，張學良於六月十三日，率其所部一千人抵達上海，奉天軍亦陸續增援，戒嚴司令邢子廉，禁止煽動羣衆、妨害治安的集會以及散發傳單。奉天軍本身，因而成爲罷工的重大壓迫。由於奉天軍的壓迫和長期罷市，蒙受莫大損失的總商會，首先開始動搖，終於二十五日停止罷工開市，由此總罷工的一角，遂爲之崩潰。反英罷工雖然執拗地繼續，但迨至九月，邢戒嚴司令便下令解散上海總工會，以軍隊封鎖總工會，逮捕領導分子。到九月底，總罷工遂告一段落，正如總領事矢田（七太郎）報告所說：「現在，所謂勞工團體之活動，已告絕跡」。

上海和青島的勞資糾紛，雖然得到學生和市民的支持而高漲，但却因列國的要求而被軍閥即時鎮壓下去。這個事實，使人們重新認識到，打破軍閥與抵抗強施於我不平等條約之列強，乃爲一體兩面。至此，大家更期望在國民黨的領導下，以軍事力量實行北伐，打倒軍閥。

## 七、國民政府的誕生

一九二六年七月上旬，以蔣介石氏爲總司令的國民革命軍，開始北伐。革命軍獲得厭惡軍閥統治民衆的支持，迅速擴大其佔領範圍，及至九月，控制武漢；十二月，克武昌；一九二七年二月，佔領杭州；三月下旬，攻擊上海和南京，而從長江以南的廣大地區，趕走了軍閥，當革命軍迫近上海時，受到熱烈的歡迎。

四月二十日，日本成立田中政友會內閣，首相田中（義一）兼任外相，以展開「田中外交」。田中內閣首先出兵山東，六月下旬，召開東方會議於東京，以檢討中國政策。參加者包括外務政務次官森恪、關東軍司令官武藤信義、奉天總領事吉田茂、中國公使芳澤謙吉等中央和現地軍人與外交官。東方會議於七月七日，以田中「對支政策綱領」的指示閉幕。這個綱領所陳，根據說明，所謂穩健分子，乃指國民黨中，其主義主張與共產派相反；在經濟上，和社會上其主張與日本的利害不發生重大衝突者而言；不逞分子則指共產主義者。

正如田中上任以後，給芳澤的訓令，蔣介石如果要樸滅共產黨，維持秩序的話，將予以道義上的支持，亦卽祇要國民黨排除共產分子，田中內閣將援助蔣介石政府。第二是，滿蒙治安紊亂之時，不管其來自何方，日本將採取自認為適當的措施，以維護其權益。亦即日本把滿蒙當作與中國本土不同的特殊地區。

田中上奏了這個對支（華）政策綱領，後來在中國大陸廣泛流傳所謂田中奏摺，以為這是日本稱霸中國之野心的證據，而為世人所注目，其裏頭有這樣一段：

「欲征服中國，必先征服滿蒙，而欲征服世界，則必先征服中國。我國如能征服中國，其他如小亞細亞、印度、南洋等異民族，必畏敬我，依服我，而令世界知我為東洋，永不敢侵犯我國。此乃明治大帝之遺策，亦我日本帝國存立上必要之事」。

日本的現實行動，以後大致沿着這個方向發展，所以田中奏摺雖然是偽作，但它給中國人的心理影響，却是非常深遠，其在歷史上的意義，的確不容忽視。

蔣氏暫時下野，而於十一月間訪問日本，並與田中會談。田中曾對蔣氏說：「日本將完全不干涉貴國的內爭，但絕不能旁觀共產黨的跋扈，在此種意義上，反共產主義的閣下如能控制南方，則為日本所最希望，為此，祇要國際關係許可，和不犧牲日本利權及其他，對閣下事業，（日本）將不惜予以充分的援助」。田中的措辭雖然不是很明白，但他却有令採取反共政策的蔣介石國民政府成為南方的主要勢力，北方則維持軍閥政權的構想，因此才勸告蔣氏不要進軍長江以北，而全力鞏固南方。

一九二八年，蔣氏復職國民革命軍總司令，沿着津浦鐵路再次開始北伐，於是田中內閣又出兵山東，從青島派遣軍隊到濟南。理由是，要保護青島大約一萬二千和濟南兩千兩百多的日人。「朝日新聞」社論，聲言如要阻止北伐軍進路而駐屯日軍，「反而可能引起意外結果的危險」。五月一日，佔領濟南的北方軍撤退，翌日，蔣軍和平進入濟南城。但於五月三日，中日兩國軍隊發生衝突。是時，參謀本部決定乘此機會，使中國人結束過去幾年來的對日輕侮，因而通過欲發揚日軍威信的積極方針。於是現地的師團長福田（彥助），遂對革命軍提出限期強硬要求，又想掃除濟南一帶革命軍，乃實行猛烈攻擊。尤其九日、十日，不分晝夜，集中砲轟濟南城內，死傷數千人。

無需說，日軍之攻擊濟南城，實遠超出其保護僑民的範圍。正如師團長福田在攻擊後的報告所提：「隨濟南城的陷落，中國軍遺棄了無數死屍，如山的武器彈藥。逃離二十華里外，日本陸軍威武，已宣揚十分」，因此其眞正目的不在保護僑民，而在宣揚日本陸軍的武威。憤怒日軍行爲的中國人，便在全國各地熱烈展開排日運動。

因日軍佔領濟南而被阻止進路的革命軍，遂迂迴濟南北上，馮玉祥部亦往北京進軍，張作霖在北京的地位，便日暮途窮。至此，日本遂面臨如何因應革命軍之佔領北京，以及對滿洲的可能進攻。

五月十六日，田中內閣舉行閣議，決定如下方針：㈠在革命軍尚未到達京津地方以前，張作霖軍如果要撤回滿洲的話，將同意其回來；但要阻止革命軍插足山海關以北。㈡如果張作霖與革命軍交戰或者接觸以後，才要退却滿洲時，將不許武裝的南北兩軍進入滿洲。但關於㈡的解除武裝，附帶說明對張軍將酌情處理。總之，這是革命軍欲穿越長城時，日本將以武力阻止之重大政策的決定。但，在日本政府內部，却瀰漫著既無保護僑民名目，亦無駐兵山海關、長城線條約之根據，或許，會因而引起列國干涉的不安氣氛。

接到訓令的芳澤公使，遂於十七日深夜，往訪張作霖，勸告他即時撤退北京，回到滿洲。對於革命軍，則由上海的矢田總領事，通告日本不許革命軍進入長城以北。因此，張作霖便於六月三日早晨，在軍樂隊吹奏聲中，身穿大元帥服，搭乘特別列車離開北京，前往奉天。當特別列車，快到奉天，通過京奉、滿鐵兩線交叉點時，却遭關東軍高級參謀河本大作上校的計劃爆炸，張作霖不久死亡。（譯註一）田中首相向來採取阻止革命軍進入長城以北，容許張作霖保存其勢力的方針，但現地關東軍，却以張作霖也是排日派，而拒絕他「落葉歸根」至滿洲。俄日戰爭以後，這個與日本保持不即不離關係的張作霖，終於也被日本軍官幹掉了。

六月中旬，國民革命軍陸續進入北京、天津一帶，除滿洲以外，可以說已經完成了北伐。實現中國本部統一的國民政府，即令外交部長王正廷，於七月七日，聲明廢除不平等條約的方針，十九日，通告日本於一八九六年所締結通商條約無效。美國接受國民政府的要求，於七月二十五日，簽訂新關稅條約，承認中國關稅自主權。中國雖然恢復了不平等條約中關稅自主權的這根支柱，而歡欣不已，但感謝美國的同時，又抱怨妨害其實施的日本。不過，對以中國爲其最重要輸出市場，且具有許多與中國民族產業競爭之輸出品的日本來講，要她承認中國的關稅自主權，委實非常困難。而與日本交涉遲遲不前的時候，十二月二十日，南京之英國公使藍布遜跟外交部長王正廷締結了新關稅條約，英國並且正式承認國民政府，在主要列國之中，唯有日本未承認國民政府，孤立於國際社會。

雖然日本當局一再表示反對，但張作霖之子張學良，却日趨接近國民政府，迨至該年（一九二八）底，國民政府的青天白日旗，終於飄揚滿州各角落。日本對於國民革命軍北伐的一切干涉，完全歸於失敗。日本之正式承認國民政府，乃是田中內閣爲負炸死張作霖事件之責任，而提出總辭之稍前的一九二九年六月二日；原則上承認中國關稅自主權的關稅協定，則正式成立於一九三〇年五月，較美國遲了兩年，這個協定中對於日本主要輸出品譬如綿製品等等，尚附帶着中日兩國間實施協定稅率三年的條件。

## 八、九一八事變與華北工作

一九三一年九月十八日夜半，奉天獨立守備隊的某中尉帶着幾個部下，炸毀奉天近郊柳條湖的滿鐵線。雖然炸毀，但列車仍能通行。當時，日方發表爲中國軍有計劃的炸毀，日軍遂軍事佔領滿鐵沿線的主要城市。這是九一八事變的揭幕，也是中日全面戰爭的序曲。

張作霖被炸死以後，繼承者張學良加強了對日本的抵抗，現地日軍（關東軍）大多認爲，日本的滿蒙政策幾乎行不通，因此爲維護權益，恐怕祇有直接使用武力一途。九一八事變事實上的推行者關東軍高級參謀石原莞爾中校在該年五月所寫「滿蒙問題我見」，就解決滿蒙問題的構想這樣寫着：

㈠滿蒙的價值

政治上：國防據點，統治朝鮮，指導中國的根據。

經濟上：足於救當前之急。

㈡滿蒙問題的解決

解決的唯一方策是使它成爲我國領土，並以此擧爲正義行爲，同時亦有實現它的力量。

㈢解決的時期

與其改造國內，不若先解決滿蒙問題爲有利。

㈣解決的動機

於國家立場係屬堂堂正正。

由軍部操主動，以謀略製造機會。

的確，柳條湖事件是以謀略所製造出來的機會。張學良採取不抵抗方針撤退，惟因有些小軍閥，迎合日軍，以求自保，所以日軍佔領東北三省，獲得意外迅速成功。翌年三月，清朝廢帝溥儀就任執政，成立「滿洲國」。就任執政的同時，溥儀致書關東軍司令官本庄（繁），誓約委託日本以國防及維持治安，祇要日軍以為國防上需要，鐵路、港灣、航空路線的管理及新線建設，全部委之日本，滿洲國政府任用、解雇日本人，都得經過關東軍司令官同意。日本以軍事武力，把將近三千萬人口，豐沃的國土，從中國分離，使中日關係根本惡化。就中國來講，收復滿洲，其遲早方法暫且不談，乃為任何政黨和一切階層的共同課題。

爆發九一八事變以後，中國共產黨在東北組織游擊隊。當時，中共沿着江西、湖南、湖北、福建等省境地區活動，據估計，支配大約一百多縣，如果包括游擊地區則達三百餘縣，其兵力，合正規與非正規軍，有二十多萬人。國民政府從一九三〇年秋季，開始圍剿江西省的中共蘇維埃區，一九三一年五月、七月，繼續圍攻，尤其從七月間開始的第三次包圍戰，曾經動員三十萬大軍，蔣氏親臨前線指揮。九一八事變則爆發於此剿共之時。且又遭遇到東三省為日軍佔領的非常局面，國共兩黨並沒有採取停止內戰、一致對外的方針。滿洲國誕生以後，瑞金的「中華蘇維埃臨時政府」，發表對日宣戰（四月二十六日），正如其所說：「第一，宣言要顛覆幫助帝國主義壓迫民族革命運動，且阻止民族革命戰爭的國民黨反動統治」，中共當前目標是推翻國民政府。而國民政府也採取「安內攘外」方針，全力掃蕩共軍，以準備對日作戰，亦即專心去除「心腹之患」，因此國共內戰，無視於日方佔領滿洲，反日趨激烈。

國際聯盟所派遣九一八事變調查團發表報告書以前，日本於一九三二年九月，正式承認滿洲國，以爲滿洲國的存在是既成事實，不許變更。李頓調查團的報告書，雖然非難日本的軍事行動，但却建議以國際管理滿洲，作爲解決滿洲問題的方式。國民政府在原則上支持國際聯盟的解決方式，但毛澤東却於十月以「國民黨向帝國主義提供東三省、上海和中國本土，對中共軍則動員一百萬兵力進攻」，批評國民政府不抵抗外敵，繼續內戰的政策。

日本全面拒絕國際聯盟的解決案，並於一九三三年三月，脫離國際聯盟。五月，日軍越過長城線，進攻中國本土，威脅北京、天津一帶。國民政府不得已與日軍簽訂塘沽停戰協定，以長城南部爲非戰地區，事實上不得不承認滿洲國的分離。

有關滿洲國的基本性格，一九三四年五月，參謀本部製有「關於確立對滿洲國根本觀念之必要」的文件說得好，滿洲國實質上，具有保護國以上的不可分關係，「國防、外交及重要產業部門，有如與日本帝國一體，表面上尊重其爲獨立國，不外乎適於國家之運營」。一九三〇年中日關稅協定的稅率拘束，於三年後告終，中國名符其實地恢復了關稅自主權，當時，滿洲國已經獨立，由中國政府的版圖分離，中國喪失了一部分重要關稅收入。大連等海關，於一九三二年六、七月，已由滿洲國接收，其關稅收入，從七月起會計年度達五千二百萬元，佔滿洲國該年度整個收入的四七%。這等於說，國民政府喪失了同樣多的關稅收入。

但國民政府於一九三三年五月所實施的修正關稅，正如其被喻爲排日關稅，課日本輸出品以高稅率，而予日本輸出貿易嚴重影響。譬如輸出華北的綿織品，該年比前一年減少六成，翌年更減少一半，此外毛織品、人造絲、糖的輸出也受很大打擊。另一方面，好像是要對抗排日關稅似地，以華北尤其是塘沽停戰協定的非戰地區爲中心，在日方的默認或者事實上的鼓勵之下，實施着史無前例的走私貿易。

走私輸出品以一九三三年，因修正關稅而被課高稅率的人造絲和糖爲主。起初以數十輛馬車，滿載人造絲和糖，三、四百人成一團，由携帶武器者護航，通過長城殘破處，運到非戰地區。一九三五年九月，發生秦皇島海關所屬兩隻緝私船，遭日本守備隊解除武裝，趕出三海里外事件，而後情勢更加發展。日軍把塘沽停戰協定的效力，解釋成延長到海上，認爲武裝緝私船出入於非戰地區的領海內乃是違反協定。中國外交部長汪精衛於十一月，嚴重抗議：「日軍當局完全曲解協定，藉口停戰區域，再三提出非法要求，使水陸海關的緝私工作，毫無成效。這無異非法庇護走私，鼓勵其犯罪行爲」，因此中國海關之取締走私，事實上變爲不可能。

而且，有日軍作後盾，以非戰地區爲地盤，於該年年底降生的冀東自治政府（首腦殷汝耕，被國民政府視爲叛徒，並發出通緝令），從一九三六年二月起，對走私物品，正式徵收輸入稅。換句話說，對於糖和人造絲等，徵收相當於正規輸入稅之大約四分之一的查驗稅，以爲其財政收入。並指定昌黎、留守營、北戴河等爲走私貨品卸貨地。由於公開承認走私，所以其規模隨之擴大，再改用輪船，大搖大擺地運到指定卸貨地點。如此大規模的公然走私，不僅是無視中國主權，且爲佔政府收入最大宗之關稅收入的嚴重受損。根據中國財政部發表，關稅收入將近三分之一，皆因走私而失去，而其大部分，乃來自冀東的走私。對於中、英、美等國的抗議，外相有田（八郎）答辯，走私根本原因在於中國海關之不當高稅率。惟冀東走私，後來因爲中國嚴重取締非戰地以外區域，以及國內正規貿易業者的反對，才逐漸衰微。

迨至一九三七年七月，盧溝橋事件演變成爲全面中日戰爭，中國海關行政纔有根本的變化。卽該年十二月，成立於北京的臨時政府，在日軍支援之下，立刻接收天津海關，翌年一月，修訂稅率，廢止排日關稅。於是美國嚴重抗議非難，關稅率之變更，唯國民政府能作，日本影響下臨時政權之改訂稅率，顯然爲非法的獨斷行爲。爾後，隨日軍佔領地之擴大，主要商港遂淪入日軍支配下，因此在事實上，日本使中國不可能實施關稅自主權。

天羽（英二）聲明反對歐美各國共同經濟援助中國，與具有軍事、政治色彩的單獨借款，使各國和中國懷疑日本意欲獨佔管理中國。至於以英國爲首的中國重建經濟工作，日本亦曾用盡辦法予以阻礙。鼓勵冀東走私貿易，就是其手段之一。中國從一九三五年十一月，開始實施劃時代的幣制統一，乃是國民政府強化地方行政——掌握華北——的措施，但關東軍司令官兼駐滿大使（南次郎）對廣田（弘毅）外相建議，令華北諸省政治上、經濟上都由中央分離、獨立。日本之以軍事武力爲後盾，加強對華北壓力的情景，正如同當時恰由江西省根據地流竄北上途中的中共，而於八月一日發表共產黨宣言中所述之：「日本帝國主義一再強化，南京政府一步步投降，繼東北四省，北方各省實際上已與我國分離。……關東軍司令部，正積極實現着成立所謂『蒙古國』、『華北國』的計劃」。

中國共產黨八・一宣言云，中國民族正逢抗日則生，不抗日則死的生死關頭，因而主張停止內戰，集中一切國力，以貢獻抗日救國的神聖事業，更聲稱共軍願與任何抗日部隊，共同擔負救國重任。其提倡結成抗日共同戰線，曾予輿論很大的反應。（譯註二）

北平於十二月九日，學生盛大舉行抗議冀東自治政府等傀儡政權的示威運動，次年五月底，全面性抗日組織之各界救國聯合會，於上海正式成立等等，抗日救國統一戰線的結成，獲得了民衆熱烈支持。上海和青島的日本紡紗工廠於十一月斷然進行反日罷工，十二月三日，日本陸戰隊登陸青島，取締鎭壓罷工。也因爲日方要求，國民政府逮捕了救國聯合會領導者，並採取抑制其活動的措施。

當中國軍擊退由日軍支援開始進攻綏遠的蒙古軍時，士氣非常高揚，却突然發生了西安事變。前往西安爲督勵攻擊陝西省共軍根據地的蔣介石，竟於十二月十二日，遭東北軍的張學良監禁，並且要求改組政府、停止內戰與釋放救國會領導者等等。東北軍秘密和共軍接觸，又因周恩來等人的介入，蔣氏遂在中國國民的狂熱歡迎聲中回到南京，從此以後國民黨的方針，大爲改變，經過三中全會，爲團結抗日力量而進行國共合作。

毛澤東於一九三七年四、五月間，就對日本和平條件，答覆美國記者斯梅特勒質問說：

㈠取消侵略中國政策，尊重中國獨立，使中日兩國立於完全平等地位；

㈡歸還東北四省和察哈爾北部，同意取消滿洲國和冀東自治政府。

以爲除非日本停止侵略，則無法避免戰爭。張羣也於該年年初，以外交部長身分，要求日本撤回過去非法製造的既成事實，強調尊重中國的平等立場，乃是中日友好的基本前提。孫中山提示之打破不平等條約，纔能實現中日兩國間和平的這個課題，終成爲現實的問題，逼迫着日本決定其態度。

受到輿論壓倒性的支持，形成抗日統一戰線，一切措施正集中於準備對日作戰時候，避免戰爭的唯一途徑是，日本放棄或逐漸改變其九一八事變以來的中國政策。林（銑十郎）內閣成立後，佐藤尙武外相的中國政策，較具彈性，以因應新情勢。三月，工商界人士組成的兒玉經濟使節團（日本貿易協會會長兒玉謙次擔任團長），與蔣介石等中國政、財各界代表會談。向政府報告的結論是，廢止殷汝耕冀東政府和冀東走私貿易是一切交涉的前提，因此將來日本應該考慮廢除治外法權，使中國與日本站在平等互惠的立場。

## 九、中日兩國進入全面戰爭

七月七日，突然發生盧溝橋事變時，近衞內閣所採方針，乃以軍事武力促使中國屈服的這種反時代判斷爲基礎。七月十一日，決定派遣五個師團的閣議中也說，派兵目的在於「顯示威力」以令中國軍謝罪和保障將來。但正如蔣介石十七日，於盧山聲明所表示：「萬一到達不可避免的最後關頭時，當然我們祇有犧牲，唯有抗戰。……我們固然是個弱國，但我們必須保持民族的生命，負起祖先遺留給我們的歷史責任。因此，不得已時，唯有應戰」，是即對於中國，這是抗戰以外無路可走的最後階段，顯示威力方能收拾的時代，已經成爲過去了。

八月上旬，長江上游的日本僑民，陸續退到上海，這些僑民，希望因戰爭而能夠獲得的具體目標是，除徹底撲滅抗日、排日以外，還要大肆擴張租界，維持治外法權，取消關稅自主權，撤除長江流域的軍事設施（八月十一日，漢口商業會議所的建議），亦即維持且擴大不平等條約的特權，這是很值得我們注目的。也就是說，日本的目標不是平等國家間純粹的商業買賣，而是以不平等條約作後盾的經濟活動，這才是排日和抗日的眞正原因。首都南京陷落前後，日本各方面所形成的中國處理案，完全是意圖獨佔管理中國，根據十二月八日，拓務大臣大谷尊由向廣田外相提出的意見書，日本要駐兵華北和華中的一部分，以北京爲聯省自治政府的所在地，並希望聯省自治政府與日本保持如下的關係：

(1)國防、外交和重要的經濟政策，要與（日本）帝國洽商協同處理方法；

(2)（日本）帝國派遣最高指導機關到聯省自治政府所在地，以擔任(1)項之處理；

(3)最高指導機關內，置文武幕僚；

(4)在各省自治政府，設日人顧問；

(5)最高指導機關，統轄各省自治政府顧問。

加以還準備在華北、華中，設立日本國策會社（公司），以掌管經濟，因此這是整個中國的「滿洲國化」。

近衛內閣立於這種機運，結束了以德國爲仲間人之與國民政府的和平工作，並於一九三八年一月，發表其劃時代的「以後不以國民政府爲對手」的聲明。與收拾九一八事變一樣，它採取了扶植現地政權成爲新中央政府，並令其接受日本的要求，使其變成「獨立國」的方策。

戰線愈來愈擴大，迨至一九三八年秋季，日軍佔領華南沿岸中心的廣州和長江上游要衝武漢地區，但却未能打開任何收拾戰局之勢，而徒深陷於戰爭之泥沼。美英等列強一再提出，日本違反九國公約及門戶開放、機會均等主義的抗議。有田外相則予以反駁，以往昔的觀念或原則，已經不能衡量今日演變中的東亞新情勢。日本提倡「東亞新秩序」口號，作爲新東亞的指導理念。近衛聲明：「日滿支三國互相携手，樹立政治、經濟、文化等方面互助連環的關係，並以其爲骨幹，俾期確立東亞之國際正義，達成共同防共，創造新文化，和實現經濟的結合」，中國應該承認日本人在其內地自由居住、營業，與此同時，爲着中國完成獨立，日本將積極考慮廢除治外法權，歸還租界。

但從中國方面來說，日本的所謂「東亞協同體」、日滿華「互助連環」的內容，無疑地是以日本爲家長的從屬關係，非以平等互惠，跟日本合併朝鮮以前，提倡日韓一體是同樣的理論。蔣介石抨擊近衛聲明道，它說是要考慮廢除治外法權和歸還租界，但這不外乎是欲把中國的全領土日本租界化。蔣氏又說，中國國民一提到日本人，便會連想到特務機關、浪人、偷賣鴉片、賣春、援助土匪、賭博窟，因此對於這樣的日本人，中國法權獨立之後，還是不能開放內地給他們以營業自由。

北支那開發、中支那振興兩大國策會社，也於十一月正式成立，譬如北支那開發擁有華北交通、華北電業、華北電信電話、大同炭鑛、華北鹽業、井陘煤鑛、華北石炭販賣等公司，全盤地加強統制佔領地區的主要產業。日本政府內部，亦創設興亞院，以負責佔領地的經營。佔領區內的日本人大為增加，除朝鮮、臺灣人以外，戰前只有六萬二千僑民者，及至三年半後的一九四一年一月，竟增加到三十八萬六千人，如果包括朝鮮、臺灣人，則將近五十萬人。這些日本人，都在上述兩大國策會社及其有關會社，或者商業、旅館、飲食店等行業工作。

華北交通公司員工，於一九三八年年底，有中國人五萬五千名，日本人一萬七千名，但日本人獨佔從上到下的領導地位。骨幹產業之在日本統制下自不必說，甚至有「藉軍的威力，隨時隨地強行合併或收買看好之肥皀、油漆、麵粉等工廠的日本人」。日本所培植之汪精衞政權裡之中國人，形容日本之政策，不但要把歐美人從中國趕出去，甚且也要拒絕中國人於門外，可謂一針見血之論。

但日軍所掌握的不過是大都市和小地方都市，以及主要交通管道而已，周圍的廣大農村，仍籠罩於國民政府軍或共軍的影響之中，因此在佔領地背後，日軍一再地從事掃蕩戰。

## 十、日本的戰敗

將近一百萬大軍，在中國戰線上動彈不得，對於戰局前途毫無把握的日本，有如日皇於一九四〇年成立第二次近衞內閣以後所指出，近衞「似乎在考慮要把國民對支那事變未成功的不滿往南方轉移」，日兵開始進駐北部法屬印度支那半島，將逃脫泥沼戰爭的出口求之於插足南方，與德、義締結軍事同盟，好強化國際上聯繫。一九四一年春天開始的美日交涉成功與否，關係到日軍從中國撤兵的問題。包括滿洲國在內，哈爾備忘錄要求日本從整個中國無條件全面撤退，意味着要把局面恢復到九一八事變以前，甚至上溯於俄日戰爭以前。因此，日本政府，實祇有孤注一擲之途。

中國戰線上，即或進入太平洋戰爭以後，中日兩軍還是繼續着你死我活的博鬥。日本所培植、並全面接受日本廣泛要求所成立的汪精衞政權，完全得不到中國人支持，爲求其己之生路與國民政府的和平工作，日本甚至於考慮不惜取消汪精衛政權。不過洞悉日本人於佔領區內徹底跋扈非行之現狀，又預見太平洋戰爭全局趨向的國民政府，當然拒絕對日和平。國民政府最大關心事爲，警戒逐漸擴大其支配地區之共軍，並準備即將來臨的內戰。

中日戰爭進入太平洋戰爭階段的兩年半以後之一九四三年一月，哈爾國務卿與魏道明駐美大使，在華盛頓簽訂了廢除治外法權的條約，由此美國放棄了在中國領土內管轄美國人民的權利。中國終於取消了治外法權。與此同時，美國約定放棄或歸還因義和團事件議定書所獲得的各種特權，上海、廈門的租界行政權、沿海貿易權、內河航行權等片面不平等特權；而英國也大致同意這樣做。條約於五月生效，至此，中國纔由不平等條約的束縛，獲得全面的解放。從鴉片戰爭條約以來一百年，中國的國際地位，始與列國「平等」。對於日軍的全面侵略，數年來全民族作着英勇抵抗，中國軍隊堅持了聯合國在亞洲之戰線，扮演了導致日本戰敗的主要角色，這些皆爲使列國決心對中國廢除不平等條約的因素。

日本於五十年前，由於對中國戰爭的勝利，課中國以不平等條約，所以我們可以這樣說明，中國以戰爭恢復了因爲戰爭而失去的權利。一九四三年十一月，於開羅召開的聯合國首腦會議（蔣介石、羅斯福、邱吉爾），正式決議中國要從日本恢復東北四省、臺灣、澎湖諸島等失土，要由美國和中國共同佔領琉球列島案，也曾經成爲議題。開羅會議的決定，蔣氏認爲是日本五十年罪孽的清算。可是，不平等條約雖然清算了，但一九四五年二月之雅爾達會議，原應歸還中國的滿洲之戰後處理，却逕由美英蘇三國間協定，既對中國無事先通知，亦未要求其承認，即片面地逕予決定，中國在國際上的地位，與眞正的平等，還有一段遙遠的距離。

八月十五日晚，日本投降的消息一經流傳，整個中國便名符其實地捲入歡欣與興奮的漩渦。經歷了數百萬的死傷者，可能有數十萬罹災者之八年的苦難日子，終於結束了。單從中國本土，就有一百數十萬的日軍與僑民撤回日本。一夜之間，滿洲國消滅了，朝鮮也獲得獨立，臺灣重歸祖國懷抱。但中日戰爭的後半段起，在中國，國共兩軍的對立愈發加深，對日作戰結束之日，可能就是內戰全面再度展開之時。事實上，內戰又起，一九四九年底，國民政府終於必須越過海峽，以日本所歸還她的臺灣作爲復興基地。

（譯註三）

# 譯註

譯註一：關於炸死張作霖的種種，譯者曾於一九八三年由臺北市聚珍書屋出版社出版「我殺死了張作霖」中譯本。此書以河本大作的口述「我殺死了張作霖」為書名，而本文作者臼井教授也有一篇文章收於此書。

譯註二：關於中共藉抗日，死灰復燃，乘我國軍對日抗戰之際，擴張地盤，以為戰勝日本後，席捲大陸本錢這個事實，在我國雖屬一般常識，但在日人中却鮮有此認識。而曾任日本外務省通商局長、滿鐵常駐奉天理事，戰後出任會津短期大學校長的齋藤良衞博士，却是譯者所知獨有此認識的日本學人。請參考其著「張作霖之死」（一九五五年十二月二十五日號「會津短期大學學報」第五號）。

譯註三：文中對　國父，時稱孫中山，對蔣　公，幾乎全稱蔣介石，乃因為這是歷史性文章而且是翻譯；對支那兩個字除行文上方便外，皆改用中國。本文發表於一九六八年，祇寫到中共竊據大陸為止。

（原載一九八六年二月二十八日「近代中國」）

# 八、幣原外交覺書

本文的目的，擬探討第一次幣原外交時代的中國政策，藉以了解幣原外交的另一層面。

幣原喜重郎之任外相，係在一九二四年清浦（奎吾）內閣垮台後，成立護憲三派內閣之時。首相是憲政會的加藤高明、藏相是濱口雄幸、內相是若槻禮次郎、陸相是宇垣一成等，這些主要閣僚，在第二次加藤內閣和若槻內閣，都沒有變更，直至一九二七年田中（義一）內閣成立，將近三年，一直未變。

現在，我們先來看看最能代表幣原外交的對中國干涉政策，最常被議論的就是「郭松齡事件」。

## 一

一九二五年十月，張作霖令張學良的第三方面軍（副司令是郭松齡）向天津方面運動，其前衛部隊於十一月上旬抵達北京東郊，另一方面馮玉祥也在通州一帶配備大軍，與之對峙。但郭松齡卻突然於十一月二十二日，在灤州叛變，要求張作霖下野，自任東北國民軍總司令，越過山海關，擬一擧攻克奉天。由於郭軍的部隊非常精強，所以張作霖的命運危在旦夕。驚愕於局勢變化迅速的張作霖顧問松井（七郎）少將，遂於十一月三十日，從奉天給出淵（勝次）外務次官發出很長的電報。大意說，中國赤化，意外地快，中國之將爲赤化政府所支配，已迫在眼前，但日本應該使東三省獨立和支持其獨立。「郭是純粹激進派。如果他進入奉天，將立刻宣佈廢除一切條約，日本的所謂特殊權利，將歸於零。……將來東三省統治者應該是張是馮之爭論，目前已經不成問題。」日本政府如果很快決定援張，他將指導奉軍作戰，以作最後的抵抗。

此種援助張作霖的方針，不僅是松井顧問，關東軍和關東廳的見解也是一樣。連奉天總領事吉田茂也呈請外相援張。二月一日，吉田總領事的電報這樣說：「欲維護我在滿洲的地位，進而打破我勢力完全停止進展的現狀，援助今日在窮途中的張作霖，使其得以再起，決非無益。」軍方及政府的派遣機關雖然這樣一致主張實施援張手段，但中央政府卻不希望使用武力。

**宇垣陸相於十二月四日閣議中說**：「假定張作霖垮台，任何人取而代之，我不相信他敢無視日本的地位而亂來。……如果硬爲支持張作霖，而日本出於積極的行動，則甚爲危險，故需要愼重考慮。」幣原外相也說：「關於遼河以西的現在形勢，以及不可積極援助張作霖，我完全與陸軍大臣見解相同。……今年的時局，與去年奉直戰爭之際大異其趣。卽在大勢上，馮玉祥和國民黨將左右中央政局一段時間，實不容置疑。順此大勢，在華（日本）帝國代表應與此派聯絡，我們亦在努力於指導他們能循正當途徑，不逸出軌道，因之此時，如祇看滿洲的一部份情勢，不顧北京、長江方面的形勢，而就決定（日本）帝國的態度，既非上策，又甚危險。」故幣原外相和宇垣陸相的見解，實在很值得我們重視。

幣原外相在馮玉祥和國民黨將爲中央政權的負責者這種見解之下，重視對中央方面的工作，並指出祇根據滿洲的情勢，而決定對整個中國之政策可能發生不良影響。這跟宇垣陸相之祇要不忽視日本在滿洲的地位，不必冒險去援助張作霖的見解一樣，都是希望重視中國本部和中央政府，對張、郭紛爭採取旁觀態度，避免直接的干涉。惟因郭軍的進擊非常急迫，十二月五日已經攻入錦州，所以於八日，白川（義則）關東軍司令官遂對張、郭兩軍，發出要求保持日本權益的警告。十三日，郭軍大約兩千人到達營口，並欲渡過遼河時，白川司令官命令營口守備隊長，禁止郭軍越過該河。十四日，郭軍以維持治安爲名，欲進駐營口，又因日方通告而作罷，而且日本命令其撤退到三十公里以外。（十五日，關東軍參謀長對參謀次長的報告。）白川司令官的這個措施，當然受到郭軍的嚴重抗議，而英國駐營口領事也認爲日軍沒有理由禁止郭軍進城，並說如果郭軍進城，營口市民反會放心（十二月十七日，在營口棚谷事務代理）。接到白川司令官的報告以後，日本政府以爲，禁止在附屬地三十公里以內的一切軍事行動的白川措施太過分，因而將其修正爲「二十華里以內」（大約十三公里），並於十四日，訓令其通告張、郭兩軍。該項警告文如下：「日本軍禁止在南滿鐵路附屬地兩側，及該鐵路終點中彈距離（約二十華里）以內的區域採取直接戰鬪行動，及可能擾亂附屬地之治安的軍事行動。」所謂直接戰鬪行動，根據政府的訓令，意指使用武器、砲彈的爭鬪，所謂軍事行動，乃指退却、追擊等而言。

幣原外相於十四日，訓令吉田總領事：「綜上所述，即在禁止區域內，祇要兩軍部隊的駐紮、通過，不抵觸前述各項，擬予默許，……郭軍進入營口的禁止亦將予以解除。」是卽幣原是準備同意郭軍開進營口市內的。此種措施當然對郭軍非常有利，而在現地，白川司令官也通告把戰鬪禁止區域改爲二十華里以內，但却仍以郭軍進入營口對維持治安有害爲理由，而未予同意。不特此也，日本砲兵十幾名，在荒木少尉的統率下參加了奉軍。其目的是要敎他們操作十五公分重砲，而這正是「左右戰局的重大關鍵」（在奉天全滿日僑聯合會議原口議長的報告）。對於關東軍的這種行動，幣原外相曾經欲派人直接與郭松齡聯絡，或想把奉天特務機關長陸軍少將菊池武夫和松井顧問調回東京，但却因爲關東軍的側面援助，奉軍得於捲土重來而作罷，十天後，郭軍終於戰敗而消聲匿跡。

以上是郭松齡事件的大略經過。郭松齡軍之因爲日本阻止其進路而潰敗，乃是衆所周知的事實；而當地以關東軍爲首之官憲等露骨的援張，可以說是違反幣原外相的意圖的。這說明了幣原外交對滿洲問題的消極性，因此如果遵照政府的指示，允許郭軍進入營口的話，滿洲的勢力範圍，也許變成兩樣了。事實的結果如何暫且不談，現在讓我們來探討一下幣原外相對中國關內政策，究竟如何展開，下面我們來看一看「五卅」的經過。

## 二

在第一次世界大戰期間及戰後，日本在華紡紗業不但大爲發展，而且因爲積極收買戰後不得不縮小規模的中國工廠，所以迨至一九二四、五年，便達一百六十萬紗錠。一九二五年二月，上海日本在華紗廠發生罷工，繼而於四月，罷工波及到日本華紡紗業之另一中心地區的青島。由於跟上海不同，青島完全在張作霖軍閥的控制之下，因此日方遂令張作霖用武力鎭壓，又派軍艦示威，予以強力的干涉。對於在青島的鎭壓，外務省亞細亞局長木村答覆日本勞動總同盟的抗議說：「面對我國人生命財產陷於危殆的事實時，不管其爲勞資糾紛與否，斷然予以維護應屬政府當然的責任。」同時，由於此次的罷工，已超出了單純的勞資糾紛範圍，變成「暴動」，所以督促負責的中國官警，維持治安。爲防萬一，曾經派遣驅逐艦。

對於青島的罷工，幣原外相除令芳澤公使抗議北京政府外，又令奉天總領事船津直接強硬要求張作霖積極鎭壓罷工，於五月底，日本兩隻軍艦「櫻」和「樺」，停泊於青島碼頭，陸戰隊完成戰鬪準備，在這種無言的壓力下，中國軍隊對佔據工廠的罷工工人使用武力，強制復工。如此這般，青島的罷工，便成爲在中國利用軍閥鎮壓外國資本之工廠勞動者罷工的一個典型。此時，幣原外相的措施非常強硬，而與前述解決滿洲問題時成爲鮮明的對比。

青島的罷工於五月底被鎮壓下去，但在上海，自二月的紗廠罷工以來，情勢仍然不穩，從五月初，日人紗廠開始怠工，五月三十日，發生工部局警察對示威隊伍開槍，死傷者達數十人的慘劇，史稱「五卅事件」。憤怒的中國人，從六月一日起實行總罷市，以示抗議，而英國也派兵三大隊到上海，因此局勢遂嚴重化，由之波及南京、漢口等地，全面展開熱烈的反帝運動。如此擴大的五卅運動，雖然肇端於對日本經營工廠的罷工，但因五卅事件起因於在英國管理下之工部局英人署長的開槍命令，所以中國民衆的排外目標，便以英國爲主，日本爲從。中國當局且有意從排日、英運動中把日本除外，將攻擊的對象集中於英國。

六月八日，北京銀行公會決議向英、日銀行擠兌存款。翌日，梁士詒派人到日本公使館，說明該項決議的目標是香、上銀行，因爲不便不列入日本銀行，但將漸漸緩和反日趨勢，所以要日方諒解；十日，於天安門前舉行民衆大會。主持人之一的袁良，也通知日方說，反帝運動將逐漸全部轉移到英國一個國家。而在上海，總商會會長虞洽卿由北京回去說，資方認爲：「紡紗廠罷工是經濟問題，而五卅屠殺事件的魁首是英國。我們的力量很微弱，對付英國還不夠，怎能再對付其他國家？」希望把罷市和罷工，局限於英國租界。據說這是虞洽卿在北京與段祺瑞政府商量的結果（鄧中夏『中國職工運動簡史』一九六頁），而中國方面的這種態度，當然是考慮同時與兩大帝國主義國家爲敵之不利的結果，也是總商會希望把罷市所可能蒙受的損失，減到最低限度的措施。因此有些日本人，便想利用這個形勢，將反帝運動集中於英國，以避免自己的災禍。但最反對這種離間英日工作的，竟是此次事件的導火線，與因罷工而受到重大損失的紡紗業本身。

六月十九日，往訪外務省的關西紡紗業者代表，大日本紡紗會社福本副社長等，以最近外務省的方針，似在努力於利用工部局和英國的關係，使「暴動」的目標轉向排英，但這樣做將傷害工部局的對日感情，工部局的首腦說，這次的措施，是爲維護租界內的治安，可是日本却好像把工部局問題當作英國的一國問題，因而非常不滿；在租界內設工廠，絕對需要工部局保護。紡織界自不希望傷工部局的感情，以早日解決事件。這十足表明了日本紡紗業之立足中國，不僅需要日本官警的保護，而且受着其他帝國主義的幫助。

幣原外相也很反對離間英日的工作。他在六月十二日對芳澤公使的訓令說：「近來在中國方面和一部份日本人裏頭，因上海工部局的幹部主要爲英國人，而以爲目前學生運動的目標在於排英，故慫慂採取旁觀態度，甚至於不客氣地發表它，但這不過是一時的權宜之策。」以喚起提高警覺，注意不要被中國的離間英日工作牽着鼻子走。幣原外相之所以特別注意離間英日工作，固然是基於現地保護紡紗業的問題，但在當時進行中之中國關稅特別會議的預備交涉中，從美英等國家的動向看，日本很可能孤立，從而將予日本的輸出貿易以重大的不良影響，所以須與英國合作，因而不希望開罪英國。

以下，我們將進一步來探討，幣原外交對滿洲的消極、對於中國內地的關切，和對英國的合作等的原因何在。

## 三

在華盛頓所簽訂的有關中國關稅的條約，於二年半後的一九二五年八月開始實施。

中國根據其第二條，於八月中旬，邀請有關國家參加自十月二十六日起，在北京擧行的關稅特別會議。當時適值五卅事件後反帝運動高漲的時候，因此關稅會議的動向便受到內外的注目。當時爲了入超增加正在頭痛的日本，尤其關心中國關稅會議的動向。在一九二五年初，召開的第五十一屆帝國議會中，濱口藏相曾就入超過多的嚴重情況指出：去（一九二四）年的對外貿易，因受關東大地震的影響，輸出十八億七百多萬元，輸入二十四億五千三百多萬元，入超六億四千七百多萬元：輸入額以及入超額都是日本貿易史上最高紀錄，如果加上朝鮮、臺灣殖民地的部份，入超就達七億二千五百多萬元，而自第一次大戰迄今（一九二九年）入超累積竟高達二十七億八千三百萬元。因此，抑制輸入、鼓勵輸出便成爲重要的課題，惟日本輸出的大宗是輸往美國的生絲和銷往亞洲的棉製品，前者很容易爲美國的景氣與否所左右，後者要靠中國市場的安定。在日本的輸出入貿易當中，中國貿易所佔的地位，有如表一，因此我們當可窺悉中國在日本對外貿易上，是何等重要。尤其對華貿易經常有許多出超，譬如一九一五年就出超二億五千萬元，所以對於連年入超的日本來講，實在太重要了。而且，我們更應該特別留意日本對華貿易的特徵。

表一　對中國貿易的比重（大藏省貿易統計年報）

| 年　度 | 輸入總額 | 由中國輸入額 | 百分比 | 輸出總額 | 對中國輸出額 | 百分比 |
|---|---|---|---|---|---|---|
| 1923 | 1,982,230 | 355,138 | 18 | 1,447,750 | 395,379 | 27 |
| 1924 | 2,453,402 | 414,386 | 17 | 1,807,034 | 500,009 | 28 |
| 1925 | 2,572,657 | 391,729 | 23 | 2,305,589 | 643,714 | 28 |
| 1926 | 2,377,484 | 397,869 | 17 | 2,044,727 | 574,260 | 28 |
| 1927 | 2,179,153 | 360,079 | 17 | 1,992,317 | 491,981 | 25 |

換句話說，關於輸入，是以大豆等爲中心的滿洲佔重要地位，但輸出市場（棉製品等），滿洲以外的中國地區却佔更大的比重。這是勒瑪早已說過的，他說：「大豆與棉製品之間，日本從中國的主要輸入品與日本對中國的主要輸出品之間，從滿洲輸入原料與在長江流域出售成品的對比，將影響日本在中國本土的經濟及政治政策」（Remer, Foreign Investment in China. P.511 東亞經濟調查局譯）。不特此也，大豆及其他原料輸入市場的滿洲沒有競爭者，但在輸出市場的中國地區，却有強力的列強跟日本競爭。當時，在日本經濟困難中，爲了生存問題，中國輸出市場的安定和擴大，問題不在滿洲，而是中國其他地區，這是非常重要的一點。

譬如對華輸出最大宗的棉製品，如表二所示，絕大多數是銷往滿洲以外地區，而且在大戰期間及戰後，大肆發展的日本在華紡紗業，幾乎全部集中在青島和上海一帶。除棉製品以外的所有對華貿易輸出總額當中，滿洲地區所佔的比率，從一九二二年到一九二六年，五年之間，各佔一五．三、一七．二、一四．五、一五．五、一七．三%，平均只達一六%。我覺得，這個事實是幣原外相之所以對滿洲問題採取旁觀態度，而對中國關內地區則特別關心的重要理由。

表二　從日本銷往中國（包括香港）棉製品輸出比率

| 年　度 | 滿　洲 | 中國其他地區 |
|---|---|---|
| 1913 | 12.8 | 87.2 |
| 1918 | 11.6 | 88.4 |
| 1926 | 6.7 | 93.3 |
| 1929 | 8.2 | 91.8 |

起初，幣原外相本擬把關稅會議的議題只限定於增徵二分五厘的附加稅問題上，並試探了美國和英國的意向，惟因英美兩國都似有意接受更廣泛的中國關稅自主權問題，和增徵二分五厘以上的關稅，因此對於因關稅增徵而受到不良影響的日本，會議的前途相當地不樂觀。根據十月十三日閣議所決定「關於中國關稅特別會議的一般方針」，日本對於關稅會議的態度，是以保持對中國貿易的有利地位，和不作較華盛頓會議更多的讓步爲大前提。具體地說，以華府關稅條約第二條之增徵關稅二分五厘問題爲會議的中心議題，並以其所增加的收入，來淸償內外債。要之，日本政府的根本方針是，要使中

國的增加關稅對日本輸出入貿易的不良影響減至最低限度，並以所增徵的關稅來保證成爲日本財政癥結的西原借款等對華的債權。

但是，對於英美兩國，從其與中國貿易的實際情形來看，她們可以同意較高的增徵關稅，對關稅的增徵率，頗爲寬大，因此，有接受超過華盛頓會議所定稅率，以博取中國人歡心的傾向，因而與日本的利害針鋒相對。所以，對於稅率問題，日本自不可能採取像英美那樣的寬大態度，於是轉而對承認自主權問題表示同情，以控制會議的大勢，同時對於稅率問題，則準備堅持日本的要求。故在第一次關稅會議中，日置全權代表便聲明，對於實現關稅自主權，中國國民所作的合理要求，日本考慮予以同情和援助。由於在會前接觸中，英美等國知道日本懼怕提出討論自主權問題，因此對於日本代表此種聲明非常驚訝。但日本對於關稅自主權的態度，根據內閣會議的決定，是計劃實施二分五厘附加稅兩年到五年，以後的十年到十五年中併用國定稅率和協定稅率；爾後再承認完全的自主權。換言之，日本對上述的關稅自主權，先表示「很諒解的態度」，俾把關稅的增徵率盡量壓到最低，以防止對其輸出貿易的不良影響。

而中國方面則認爲，在當時的中國，中央政府之能夠立刻增加收入的唯一財源是關稅的增收，當時希望獲得大約一億元的收入，但是華盛頓會議所訂的增收額數不夠，所以提出普通商品課以百分之五、奢侈品課以百分之廿至卅附加稅的擬議，俾可增收一億二百萬元。對於中國方案，美英兩國出於寬大態度，因此欲把它局限於二分五厘之日本的主張遂很難維持，日本不得已，便提出從百分之二點五到百分之二十二點五，一共七級的差等稅率案（增收額七千七百七十萬元。日本輸出品的六五%課二分五厘），並於翌（一九二六）年三月中旬，作爲各國專門委員的共同提案，才成立七級差等稅率案。

而正在討論對於日本具有重大意義的關稅問題的時候，發生了郭松齡事件，因此，日本政府必須努力避免因爲滿洲問題而受到中國輿論的集中攻擊，致使困難的關稅會議更加艱難。但自一九二六年四月以後，北京政局混亂日甚，段祺瑞下野，安國軍總司令張作霖到達前，既沒有國會，也沒有總統，只有奉直兩系所共同接受的內閣代表中央政府，沒有任何實權。在這種無政府狀態下，英美國家對會議前途，非常悲觀，英國甚至於四月二十四日，向各國提出，中國沒有中央政府，不能繼續擧行此項會議的聲明；並於五月六日，在全權代表會議席上，宣佈不參加差等稅及有關其增收部份用途案的審議。惟因英美兩國和日本的全權代表，對於要把華盛頓會議所規定之二分五厘的附加稅與一般問題分開，並即時實施，以符中國方面的要求，都沒有異議，所以五月十五日的全權代表會議，便通過同意中國從簽字三個月以後，對普通品和奢侈品各徵收二分五厘和五分附加稅的決議。但接到日本全權代表之報告的幣原外相却堅決反對。理由是，就於會議的全盤成功沒有特別利害關係的國家來講，成立二分五厘案，或許比沒有什麼結論還要好，但「如果日本滿足於這樣不澈底的結論，置差等稅率及整理債務等問題於不顧，則對日本貿易，及一般對華政策，都有害無益，因此，對一直盼望會議成功、支持政府方針的輿論，有突然惡化的趨勢。」並在列強同意秋天重開會議討論的諒解下，同意休會（六月十五日）。

換句話說，日本當局以為不成立整理債務案和等差稅率案，只實施二分五厘附加稅，將予日本貿易以不良影響，而欲阻止與華盛頓會議所定附加稅分開來實施，因此日本遂受到中國和列強的激烈攻擊。惟因幣原外相拒絕日置全權代表屢次的建議，強欲實行日本的方針，英國便贊成日本提案，因而附加稅的分開實施遂未見天日，關稅會議只通過前一年十一月，在名目上承認關稅自主權的決議，而沒有任何成果，終於七月三日休會。違反中國、列強和自己國家全權代表的意向，並反對單獨實施附加稅的幣原外相的措施，與前述訓令中所說一向支持的「輿論」內容，皆值得我們注意。如此這般，關稅會議便停止，與此同時，在華南，蔣介石就任國民革命軍總司令，開始北伐。

# 四

從上述幾點，我們可以知道，爲滿足當時日本經濟界的要求，幣原外相的對中國政策，在基本上是要維護作爲輸出市場之中國地區的安定，尤其特別重視佔日本對中國輸出大半的中國關內地區。爲確保它，他甚至於不惜實施相當強硬的手段，而對青島罷工積極的鎮壓，以及大力阻止實施二分五厘的附加稅，就是最好例子。當然，這並不意味着日本不重視滿洲的權益，而是在滿洲祇維持現狀，並不以滿洲的利害來阻碍插足全中國。這個重視輸出的方針，自然重視中國中央政府的動向，同時也強調與英國的合作。如果無視英國在中國內地的勢力，譬如其佔有「香港」，她在租界行政及海關的優越地位，日本對中國內地的貿易，便不可能很順利。例如前述工部局對日本紡紗工廠的保護，香港在日本對中國輸出所佔的重要地位，則可瞭然。又如稅率協定，因爲列強共同同意，始能實施，所以在貿易結構上比列強具有更多弱點的日本，自應避免與英國發生扞格。而在確保作爲輸出市場的中國地區這一點上，我們可以窺見幣原外交對華政策之重要的一面。（但是，在關稅會議停止時出發的北伐軍於到達長江流域時，幣原外交爲什麼對維護長江流域與華北的日本權益又那麼消極呢？又爲什麼沒有贊成英國再三提出的對華共同出兵要求呢？由於這些與北伐軍的動向有關聯，因此將來應該另行討論，不過我覺得，自一九二六年年底，英國對華政策的變更，亦即採取姑息政策，是很重要的關鍵。）

# 譯註

譯者按：本文譯自一九五八年十二月號「日本歷史」雜誌。作者當時任職於日本外務省外交文書室，現任日本國立筑波大學教授。因係譯文，對文中所涉及之中國政治人物均直書其名，一概未用尊稱或別號，引文中「支那」二字亦未改動。又本文所引史料，除已註明者外，大部份根據日本外務省紀錄「反奉天派紛擾檔案」及「支那特別關稅會議檔案」等。

（原載一九八五年四月號「傳記文學」）

# 九、田中外交覺書

## 前言

把張作霖軍閥逐出關外，完成北伐，勉勉強強統一中國本部的國民政府，令王正廷外交部長於一九二八年七月七日，發表廢除不平等條約的方針，並通知各國。根據它，中國與各國間的條約期滿者，當然廢除，並訂新約；還有期限的，則以正當手續廢除。如果舊約已經期滿，新約還沒簽訂時，該國國民應該遵從國民政府所制定七條的臨時辦法。換句話說，他們將受中國法律的支配，不能享有治外法權，得與中國人一樣繳納稅捐。國民政府且於七月十九日，對日本通知光緒二十二年（明治二十九年，亦即一八九六年）所締結中日通商條約之無效，和適用臨時辦法。

接到這個通知之日本的對華政策，當時陷於非常困難的狀況。亦即由於五月的濟南事件，對日感情趨於惡化，六月突然發生由北京要回到奉天的張作霖被炸死事件，因而田中（義一）首相兼外相和山本條太郎滿鐵社長等，欲依張作霖來收拾滿蒙的方策，遂不得不還原白紙，邊適應國民政府進入滿洲的新事態，以重建對華政策。這裏有七月九日所出版「對支（華）方策案」的文件，這個文件在史料上究有何等重要，很難判斷。不過比諸所謂幣原外交，很表現出田中外交的性質，所以我想來考察考察它的內容。

在這個文件，它對於滿蒙說：「爲帝國永遠生存所必須的滿蒙地方，不管中國的政情如何，在我勢力下要漸漸使其特殊地域的色彩明確，並爲使未來任何人都沒有揷嘴的餘地，將從事永久的設施，努力於其開發。爲開發滿洲，除將把我官民的投資集中於滿蒙之外，要使商租土地及居住自由在條約上的既得權利有效，研究保護移住朝鮮人的手段，而爲此縱令一時引起排日，予我對華貿易以不良影響，但爲解決滿蒙問題，這祇有忍耐」；同時又說：「對於中國本部，隨我工商業的發達，將謀求純經濟的發展，與列國保持協調，根據機會均等的原則，採取自由政策。」

就是說，爲解決滿蒙問題，縱令引起排日，對華貿易惡化，如從大局來講也是不得已的，這與幣原外交以爲爲滿蒙，不能使對華貿易趨於惡化的理念，恰恰相反。這個史料告訴我們：田中外交的立場，與高估做爲輸出市場之中國本部的重要性，滿洲是鐵和煤的供應地，不是投下資本的場所，它在改善日本入超貿易上沒什麼幫助等等幣原外交的看法，成爲鮮明的對比。若是，爲滿蒙問題之轉捩點的六月四日張作霖被炸死以後，田中內閣究竟採取了些什麼政策？

## 阻止南北妥協的失敗

以蔣先生爲總司令的北伐軍，迂回日軍所佔領的濟南北上，眼看它迫近京津地方的日本，於五月十八日，向南北兩軍，傳達了所謂關於維持滿洲治安的覺書說：「戰亂進展到京津地方，其禍亂將及於滿洲時，爲維持滿洲的治安，帝國政府將採取適當而有效的措施。」日本的意圖是，令奉天軍撤回關外，以保持其勢力，以及絕對不令南軍插足滿洲。

這個措施曾被批評爲「不得不給一般人有如我國在該地方立於主人的地位，在法律上來講自任爲主權者和保護者的誤解」（一九二九年二月二日幣原喜重郎即前外相在貴族院的質詢）；張作霖由於接獲通知說，如果與南軍交戰敗退，南北兩軍將在長城被解除武裝，因此遂不得不撤退北京，而在回到奉天的途中，竟被關東軍的河本（大作）參謀所炸死。

張作霖死後，田中首相曾透過奉天林（久治郎）總領事對其繼承者張學良轉話說：「此時不但實也不必對南方採取迎合的態度，而且這樣做非常危險，所以應該暫時維持現狀，以保境安民，觀望形勢的演變」（六月二十五日訓令），以及「如果有人攪亂東三省的治安，必要時日本覺悟出於相當的手段」（六月二十六日訓令）。亦即於六月二十九日，林總領事告訴了張學良：拒絕與國民政府合作，如果因此而受到國民革命軍的壓迫，日本將予以支援。

但是翌（七）月，張學良就任東三省保安總司令，蔣先生發表有關東三省問題的聲明，慫恿採用三民主義，因之南北的妥協迅速地進展。於是田中首相再於七月十八日發出訓令，要林總領事對妥協提出警告。林總領事於十九日跟張學良見面，並予警告；張學良辯解說，他自己也反對懸掛青天白日旗子，惟東北保安會的要人都贊成與國民政府妥協，以避免戰禍，所以如果不接受這個要求，他祇有下野。

七月二十日，張學良於奉天城內滿鐵公署，秘密地與關東軍的村岡（長太郎）司令官會面，就這個問題作同樣的說明，惟大概覺得日方具有非常的決心，遂於二十三、二十四兩日舉行保安委員會議，決定延期與南方的妥協，並於二十五日通知林總領事。但同時說明，其停止妥協，與日本的勸告無關，而是他們自動決定的。

如此這般，田中首相的意圖是達到了，但對於這種不講道理的措施，中國各地以日本干涉內政而助長其反日感情自不待言，而外務省內部也是有人反對的。譬如有田（八郎）亞細亞局長就曾經對於田中外相的政策表示憂慮說：「東三省分離，對日本當然有利，促進其氣勢於日本也有幫助，但絕不值得以非常的犧牲去拚」，「今日如果日本以強力使東三省由中國本部分家，中國固然不必說，世界各國一定紛紛地責難，違反日本幾次的聲明和九國公約，其後果至爲重大，我敢斷言此種事態實包藏著日本的危機」（七月二十一日）而芳澤（謙吉）公使也具有同樣的意見。

田中首相起用了以對滿洲主張強硬馳名的吉田（茂）前奉天總領事爲外務次官，更遣派林權助男爵爲特使前往奉天，參加張作霖的葬禮，同時說服張學良。林權助於七月二十八日，由東京往滿洲出發，行前田中對林權助就其對滿政策的「抱負」這樣說過：「共產份子如果進入滿洲，將破壞經濟上的基礎，連累到朝鮮的統治，因此必須予以防止；我們所以多年來協助中國達成統一，以爲這樣做，他們將讓我們對滿洲爲所欲爲。

有人說採用三民主義和青天白日旗沒什麼關係，但一落葉知天下秋，我認爲這是不可以的。滿洲的事如果與南方政府交涉，將成爲國際問題，所以萬萬不可行」。田中的意思是，無論如何要阻止南北的妥協。

林權助於八月五日，參加了張作霖的葬禮之後，於八月八日，帶同林總領事往訪張學良。這時，林權助強調絕對不可以南北妥協和懸掛青天白日旗；但張學良卻以妥協問題已經成爲不可移易的輿論，而予以拒絕，翌（九）日訪問日本總領事館時，也表示了樣的見解。因此，林總領事遂對張學良嚴重警告說，如果違反日方的勸告，與暴戾的南方妥協的話，爲著維護日本的既得權利，將不得不採取必要的行動，暗示將發動實力。

當天晚上所召開的保安會，雖然決議說南北之妥協乃不得已的事，但並沒有決定要於何時實施，所以於十日，奉方的劉哲（保安會委員）和林總領事碰頭研究打開僵局的方策。結果林總領事和保安會都同意觀望今後三個月的形勢，並於八月十二日，由張學良正式通知林總領事。換言之，日方獲得了張學良今後三個月，亦即在十二月中旬以前不實行南北妥協的言質；但從東三省方面來說，則日方承認了三個月以後南北可以妥協。如斯，南北妥協問題，遂拖延到年底。

田中外相令林總領事回到東京，協議有關對滿政策，九月二十四日，對於將要回去奉天的林總領事訓令說，欲確立日本在滿洲經濟活動的基礎，必須先令其把滿洲開放給日本人營業、居住，享有土地利用權，爲此，日本得準備放棄治外法權，所以應該與張學良開始交涉，要他實行一九一五年中日條約所規定，（日人）在南滿居住往來的自由和商租權。

林總領事返抵奉天以後，即開始交涉，東三省當局與交涉鐵路（利用張作霖撤退北京稍前的困境，山本滿鐵社長所獲得的延海線「延吉—海林」、洮索線「洮南—索倫」的包工契約，以及吉敦延長線，長大線「長春—大賚」契約的實現）的同時，採取遷延政策，因而商議毫無進展。如此這般，於十二月二十九日，東三省遂整個地掛起青天白日旗子，示威國民政府實現統一全國，田中首相之阻止中國南北的妥協，終於告一個段落。

田中外相之無視張作霖被炸死後滿洲的情勢，片面地實行阻止妥協，無疑地助長了滿洲的排日運動。不僅學生和一般民衆，連奉天軍閥本身之所以也很敵視日本，我認爲似由於軍閥的經濟地盤發生變化；軍閥的資本化在鐵路問題等與日本資本之插足滿洲不能兩立；與中國本部加強了經濟上的連帶，滿洲軍閥的地盤已經很難成立等因素所促成，這一點是今後的課題，很需要作進一步的探討和分析。

## 關稅交涉中的孤立

如開頭所說，完成北伐的國民政府，於一九二八年七月，宣言了由不平等條約的解放；七月二十四日，美國國務卿通知王正廷外交部長說，爲恢復中國完全的關稅自主，美國願意與中國開始商議。翌（二十五）日，麥克麥來公使與宋子文財政部長在北京締結新關稅條約，美國正式承認中國的關稅自主權。美國這個措施，曾予內外以很大的衝擊，但特別爲達到多年來之宿願的中國人所感激。

七月三十日，上海矢田（七太郎）總領事報告說：「上述感激之情，一變而爲對我國的憎恨流露」，並說二十九日的「民國日報」更標題「日本陷於孤立」；同時建議日本的對華政策，不能「拘泥於形式，或者爲特定地區日本人的感情或特別利害論」所左右，而當出於轉變局面的方針。由於美、英兩國也很可能採取同樣的措施，因此爲避免陷於孤立，日本實在亟需與這兩個國家協調對華政策。

所以，田中首相於八月九日，賦予正要前往法國簽訂非戰條約的內田康哉全權代表以「對支政策的要旨」，訓令他回國時順便到英國和美國，就對華政策與列國折衝。這個訓令闡明了日本關於滿洲問題的方針，並提到張學良自動地停止與南方妥協等等，意圖求得列國的諒解。

內田在滿洲與參加張作霖葬禮的林權助會談之後，於八月二十七日，在巴黎簽訂了非戰公約。然後到英國，主張英、日協調的必要，繼而前往美國，九月二十七日與美國國務卿凱洛格會見，說明東三省問題和修改條約問題等，日本對中國的對策。在這個會談，凱洛格國務卿強調說，現在對於列國最可怕的是，爲蘇聯所煽動的共產主義運動，因爲國民政府正在努力於建設堅固而有秩序的政府，所以，列國應該共同來幫助加強國民政府。

爲了防止共產主義的傳布，必須支持國民政府這種美國的立場，雖然爲痛感共產主義威脅的田中首相所同意，但與此同時，爲著阻止國民政府的勢力進入滿洲，他也得考慮加強國民政府將給予日本經濟不良影響。要加強國民政府，因此國民政府便極力對列國要求關稅自主，美國則馬上同意中國的要求。

可是，日本如果像美國那樣無條件地承認中國之關稅自主權的話，因爲輸出政策上等理由而有困難，所以在對華政策上日本又遭遇到另外一個難關。於跟美國簽訂關稅條約一個星期後的七月三十日，中國總稅務代理愛德瓦士，以宋子文財政部長之意往訪芳澤公使說，國民政府最近有實施北京關稅會議（一九二五—二六年）所制定七種差等稅率的計劃，美國和英國都沒問題，而問日本政府有何意見。

所謂七種差等稅率，乃是在關稅會議，美、英、日三國委員所立案，於一九二六年三月，通知中國的，是要對於自二分五厘到二成二分五厘的七種差等稅，從價附加五分的案。根據這個案，日本商品的六成，將包括在最低稅率皆二分五厘裏頭。田中外相接到報告後，覺得無修正地實施關稅會議所定七種差等稅率對日本有利，因而予以承認，並決定對於其實施將附加相當條件的方針。

日方的條件是，(一)原封不動地以北京關稅會議所定七種差等稅率爲輸入附加稅率；(二)這稅率中當然包括內地通過稅；(三)對於不確實或者無擔保債權的整理，確認以關稅收入爲擔保來整理的方針，而在實施差等稅率前，召開債權國代表會議（九月七日，田中外相給上海矢田總領事訓令）。

中國不確實債務的總額，財政部所管外債銀五億四千九百萬元，交通部所管外債銀一億九千三百萬元，一共七億四千二百萬元；內債兩部所管一共大約二億元，共計九億四千二百萬元。其不確實債務之外債的國別，有如表一。由此我們可以知道，日本佔了中國不確實外債的將近五成，而西原借款（譯註一）佔其大宗。

表　一

| | 金額（千元） | 百分比 |
|---|---|---|
| 日　本 | 362,144 | 48.76 |
| 法　國 | 130,594 | 17.58 |
| 義大利 | 71,556 | 9.69 |
| 英　國 | 62,035 | 8.35 |
| 美　國 | 58,717 | 7.91 |
| 比利時 | 40,548 | 5.46 |
| 荷　蘭 | 16,445 | 2.22 |
| 丹　麥 | 331 | 0.04 |

得知日本意向的宋子文，於九月二十三日，與矢田總領事在上海會見，強調國民政府極其需要增加收入，並說，實施七種差等稅率結果所可能增加的年收也不過是二千五百萬元，如果日本政府主張由這少額歲入拿出一部份，來償還無擔保借款，那是辦不到的。

在十月七、八兩日宋、矢田會談，宋子文對於前述日方三條件中，即時同意實施關稅會議等差稅率和包括內地通過稅，但對於整理債務，卻以「如果明寫以增收關稅的一部份來整理債務的實施差等稅率的條件，則政府內部姑暫不談，國民都會反對我，這時我祇有走路」，而堅決反對以整理債務爲實施稅率的條件。

關於這個情勢，芳澤公使以美、英等列國並不需要無擔保整理債務的條件，因此對東京呈報說：「如不盡量努力拉伴，（日本）很可能陷於孤軍奮鬥的局面」。（九月二十三日）所以，就這個問題，日本便請英國出來作善意的斡旋，而成爲田中首相英日協調之具體的試金石。

但是，英國公使卻於十月十七日，對堀（義貴）臨時代理公使說：「英國所能做的最大限度是，以無利害關係的第三者，從事中日間的斡旋而已」，而拒絕就整理債務問題，與日本採取共同步驟。對此，堀臨時公使反駁說，如果這樣，一點也沒有幫助，日本所期待於英國的是，「英國能跟日本站在同一條線，與日本共渡這個難關，我深信這是英、日協調在本質上的正當要求」；但英國公使卻出於英國的債權中，純粹不確實的馬科尼、維加斯等債權，這些是無視政府的警告所訂的，如果收不回來，是因果應報這種態度，所以自無法期待英國的幫助。日方的要求是，令對方答應將增收關稅的一部份，用於整理債務的原則，但實行時，開始一、二年不付也沒關係。（十一月十日矢田的談話）。

宋、矢田交涉，因而弄僵，迨至十一月十二日，宋子文提出從關稅增收部份取出五百萬元，對於不確實中國內外債（大約十億元），等於年利五厘，但中國的各報，卻異口同聲地大書特書宋子文以關稅自主爲交換條件，接受了西原參戰兩項借款的償還，尤其是「京報」，刊出宋子文承認賣國借款的大標題，主張說國民應該誓死來反對。（十二月八日堀臨時公使的報告）。

如此，於十二月二十日，在南京，英國公使藍布森與王正廷外交部長締結了新關稅條約。英國公使並於同日，在停泊於下關的英國軍艦禮砲聲中，向國民政府主席蔣先生呈遞英王的國書，英國正式承認了國民政府。中英關稅條約雖然承認了中國的關稅自主權，但在附屬交換公文上卻規定，至少一年要採擇七種差等稅率爲國定稅率。

自美國率先於七月間承認中國的關稅自主權以後，一九二八這一年，德國、義大利、英國、法國等主要國家，都與中國簽訂關稅條約，是認中國的關稅自主，正式承認國民政府，惟因中國與日本的條約未見解決，所以因爲最惠國條款，而不能實施重新規定關稅。換句話說，由於年底滿洲掛起了青天白日旗，日本對滿政策因之受挫，而在關稅協定問題也由列國孤立的狀況中，迎接了一九二九年。

但是結果，日本還是於一月三十日，以交換公文承諾中國實施新稅率，但規定實施七種差等稅率的條件爲，從增加稅收中，中國當局最低限度得提出五百萬元，以償還不確實債務，至於其詳細，應該在最近期內，召開債權代表會議以討論。我認爲，爲沒有實質的不確實債務問題，在關稅交涉孤立於列國之中，集中國輿論的攻擊於一身，對日本來講決非上策。

## 田中內閣掛冠

一九二九年一月十四日，林總領事與張學良會面，並告知張學良，他接到田中外相有關促進解決鐵路問題的嚴厲訓令。在另一方面，幾年來常駐奉天擔任交涉的齋藤良衞滿鐵理事，也於二十一日往訪張學良說明「對於滿鐵一向儘量溫和交涉的態度，最近日方日漸不滿」的情形，並警告說：「如果長此以往，日本對總司令的同情將會消滅，閣下的地位或許由此而有所變動也說不定。」

林總領事更於二十三日，化了三個小時與張學良強硬談判，但毫無進展的跡象，於是覺得需要對張學良施加壓力，便於二月一日對田中外相建議，除非張學良表示與日本協調的誠意，應該公開表明不支持他的方針。

林總領事的構想是，敦老、長大兩條鐵路的自力建設，舍使用大部隊的兵力不可能實行，因此他的目的是，欲藉商租地問題以惹起紛爭。一九一五年的中日條約規定：「日本國民在滿洲，爲建設各種工商業上的建築物，和經營農業，得商租必要的土地」，商租的期限爲三十年，而且可以無條件地延期，惟由於中國方面的種種妨害，而遭遇到許多困難。因此林總領事便就散在各地日本人商租中，能夠現地保護者，開始經營土地，對於中國方面的妨害，則以實力對之，俾多製造事端，實行討伐不法朝鮮人，停止軍事輸送，開始自力測量滿鐵等，以增加張學良立場的困難。一月二十三日的會見以後，就避免與張學良見面，以表示日方的態度硬化。

林總領事的態度雖然如此，但張學良卻於三月二十九日，跟齊藤滿鐵理事的會談說，鐵路問題請與南京政府交涉，而就是與南京政府交涉恐怕很難獲得成功；又說，因爲林總領事所云的強行測量結果，縱令發生排日運動，我也無可奈何，看樣子非常充滿自信，甚至於有挑撥日方的味道。

張學良的強硬態度，與日本國內之大事抨擊田中內閣的中國政策似不無關係。一月二十五日，在衆議院，中野正剛就張作霖被炸死事件質詢政府；民政黨於三十一日，提出發表一切有關炸死張作霖事件的結果，以掃除中外疑惑的決議案。幣原前外相也於二月二日在貴族院質詢說：「如果外國政府的要人，或者是支持他們的執政黨，公開主張說應該對日本採取強硬政策和積極政策，我國國民將作何種感想？」以痛擊在實行上毫無成算之強硬政策的錯誤。

在這種狀況之下，於二月十七日，國民外交協會在青山會館主辦批判田中外交的演講會，參加者數千人，聽衆擠到外邊的盛況；並通過了「鄰邦中國的統一，將予中日兩大民族以根本提攜的良好機會。可是田中內閣的所作所爲，不但侵害日本的利益，而且釀禍東洋的大局。……我們假以國民外交之名，與全國民衆庶期其倒臺」的決議。

這種日本國內政治上的動搖，財界對於排日杯葛日趨嚴重的不滿，以及國民政府逐漸獲得外交上的成功，無疑地使張學良走向輕視田中內閣的道路。日本派在第一線的官員和軍部，都非常憤慨張學良的態度。而吉敦、長大兩條鐵路的包工契約，說是開工爲簽字後滿一年以內，而這個滿一年的五月十五日也快到了，因此林總領事回國中的森島（守人）代理總領事，與滿鐵協議結果，得到除非強行鐵路的測量和工程以外無法解決這件事的結論，因而於四月四日，呈報長大、吉敦、延海三鐵路的強行建設，請田中外相裁奪。

如此這般，鐵路問題遂再度陷於緊張狀態。眼看在奉天日本各機關積極運動的重光（葵）上海總領事，以在中日關係全盤地漸漸好轉的今日，在滿洲使用高壓手段，不僅將逆轉形勢，並且在世界輿論和國際關係上，日本所將蒙受的損失，不是滿洲一、二條鐵路所能補償而極力反對，並兩度建議此時不宜採納強行方策。（四月三日和六日）。

重光報告中所謂中日關係的好轉，具體地似乎指著為一九二八年五月以來之懸案的濟南事件，於一九二九年三月二十八日，因為王正廷外交部長與芳澤公使之間交換公文，而獲得解決而言。關於濟南事件，開始日方要求國民政府的謝罪，處罰負責人，賠償損害和保證將來不會再發生此類情事四項（一九二八年七月十八日，矢田上海總領事所提出），但根據三月二十八日的協定，則以日軍於兩個月以內撤退；中日雙方的損害算是大約相同，故互相相抵；對於撤兵後山東日本居民的保護，以及全中國之排日排貨運動的終結而告一個段落，與日方起初要求謝罪、處罰、賠償背道而馳。但就中國方面來講，在濟南慘案日本無故殺死中國外交官，砲擊名城，屠殺軍民數千人，物質上的損失也有幾千萬元，所以中國人並不滿意這個解決。

在東京，於四月底，以回國中的林總領事與有田亞細亞局長為中心，對張學良通過「令他沒落，對他的繼承者也採取同樣的態度，使中外得知在東三省不體會我國特殊地位，沒有誠意跟我國協力的，都無法爲其首腦者」（五月二日局部長會議案）的案，田中外相於五月四日，對於將要返任所的林總領事訓示，因爲目下種種理由，對滿洲的作法不能做具體決定，加以與南方的關係，可解決懸案，並很可能近期中予以正式承認，因此對於滿洲問題，不要採取具體手段，如此，田中內閣之多磨的對滿政策，遂「嗚呼哀哉」。因之於五月五日，把濟南交給中國當局，二十日，完成山東派遣軍的撤退，六月三日，正式承認國民政府，七月一日，負起炸死張作霖之責，田中內閣終於提出總辭職。

## 結語

一九二七年四月，從田中內閣的成立到它的辭職，兩年多，通觀其對中國的政策，可以說是失敗的連續。成立田中內閣當初，就中國政策，英國要求日本的協力和援助，後來卻日本非請英國協助不可這個事實，充分地說明了田中外交的挫敗。田中外交對華政策失敗的一個原因是，反行民族統一的大勢，過分固執於要將滿洲從中國本部分離的政策。不肯適應日本軍人炸死張作霖以後形勢的變化，死心坎地硬要阻止南北的妥協，實在是缺欠外交的彈性。

而使中國人最爲憤慨，由之重新掀起杯葛日貨的是，因爲出兵山東而引發的濟南事件。在北伐的國民政府軍進擊的要地上，日軍出兵並駐紮，自預料著發生危險。五月三日兩軍的衝突事件是小規模的，是地區可以解決的。問題在於福田（彥助）師團長手交限期的最後通牒以後，從八日凌晨所開始日軍大規模的攻擊濟南。日軍的這個行動，誠是超越保護居民界限的措施，同時也是芳澤公使等駐外機構和軍方所一致指責的。

但是，參謀本部卻承認派遣軍的行動，更要求蔣介石北伐軍總司令的道歉，日本從而集中國輿論的反感於一身。關東軍河本（大作）參謀的暗算張作霖也好，或者日軍之總攻擊濟南城及其周圍也吧，全是反田中首相之意圖的軍部策動。而政府言行之諸多空疏和對華強硬論，導致無法充分統制現地軍隊更是不能否認的事實。

自來，依靠張作霖這種地方軍閥的地盤，並想利用它來作爲發展勢力的基礎，跟希冀中國的統一和安定之內外的衆望是相反的。正因爲如此，所以日本在中國經濟上的主動權，便爲美國和英國所取代，與此同時，由於激烈的排日貨運動，對中國的輸出一蹶不振，更以大阪爲中心之經濟界的集中攻擊，田中內閣終於滿身瘡痍掛冠而後已。

不過我卻認爲，將田中內閣對華政策的失敗，完全歸因於其滿洲分離政策和軍事干涉，並不一定正確。對於國民政府最大願望之關稅自主權的恢復，日本一直反對，結果加強了美國和英國對國民政府的影響力，而這，決非田中外交獨有的特殊現象。這是幣原前外相下一九二六年北京關稅會議，以及一九三〇年締結中日關稅協定之際日本政策的同一方針；而中國參加第一次世界大戰時，在關稅現實改訂五分問題上，日本更不得不自列國孤立。

日本貿易之對中國的依賴性高，日本的主要輸出品綿絲、綿織品，因爲中國民族產業的發達，而很可能失去其市場而成爲受到阻礙中國經濟發展之攻擊的理由。這個來自日本經濟本身後進構造的必然要求，田中、幣原外交都得予以特別尊重，因而變成日本在開展對華外交政策上很大的障礙。

中國脫離中日關稅協定所定協定稅率的束縛，獲得關稅自主權之日，滿洲國已經誕生，滿洲已由中國本部分離，繼而以華北爲中心之所謂冀東走私貿易的盛況，可以爲測定中國關稅問題對於中日關係之重要性的一個指標。在另一方面，在祇強調田中外交的軍事性格，攻擊掌握國民政府勢力的失敗之前，我們或許更應該（需要）檢討當時中日關係的基本矛盾。這一點，我想跟軍閥經濟地盤的變遷對於中日關係的影響，另行作一次研究。（譯註二）

## 註解

譯註一：寺內內閣時代，一九一六——一八年，所訂兩億四千萬元借款中，由寺內首相個人秘書西原龜三與大藏大臣勝田主計所經手，一億四千五百萬元，借給段祺瑞軍閥政權的借款。

譯註二：本文譯自一九六一年三月二十五日號「國際政治」。

（原載一九八四年三月號「世界華學季刊」）

# 後記

最近，我重新看了兩位戰前的領導者的文章，給我很深刻的印象。

一篇是近衞文磨似乎於一九三九、四〇年左右寫的文章。在這篇文章裡，他說少壯軍人和右翼分子的言行非常自以爲是、粗樸和幼稚，而將其評價爲：「如果個別地來看少壯軍人等的言論，有許多是我們所不能接受的，但這些人在九一八事變以來所推動的。。。方向，乃是我們日本所該尋走的必然的命運。」「如果元老重臣不要終始於漫然的國際主義，認識世界的動向和日本命運的道路，經常先於軍人下手的話，可能有更踏實的步伐，不會面臨如今日的困難」（一九三九年十二月號「改造」，傍點係原來就有），近衞主張先下手論。

另外一篇是岸信介於一九四八年十一月，在巢鴨監獄裡所寫日記的一段。當時，中共幾乎快要佔據中國大陸了。岸信介就憂這種局勢，以爲「除非美國以其軍隊抑壓中共勢力，已經無法挽回衰勢。」並說：「我認爲與中共戰鬪的美軍，如能在日本招募義勇兵，編成美國軍隊，給予美國的裝備及物資，最適當而有效。不知道美國有沒有實行它的勇氣和決斷。」這個日記寫於遠東國際軍事法庭開始宣讀判決的那一天，而對於判決，岸信介在他的日記這樣寫着：「九一八事變也好，中日事變也罷，甚至於大東亞戰爭（太平洋戰爭），都統統以日本的侵略意圖這個偏見來解釋發生這些事實的國際關係和背景等等。」（「岸信介的回想」）

本書「近代日本外交與中國」是我多年來所發表論文的集子，「九一八事變以來所推動的方向」，「漫然的國際主義」，「日本的侵略意圖這個偏見」，都是本書所關心的問題。

本書這幾篇論文，有兩個主題。一個是他國，說鄰國可能更適當，不干涉他國內政的原則，說來容易，但要實行則極其困難。尤其鄰國是個後進國家，軍事上立於劣勢，內政混亂的時候，最容易找到干涉的借口。另外一個是國際間的美辭麗句的基礎，往往是簡單的弱肉强食的邏輯。

如果容許我談到我個人的事，近日我發現，我要研討我在舊制高等學校前後數年的時期，我竟化了將近三十年的光陰。而近衞、岸兩位戰前領導者的文章，給我一連串的摸索以告一個段落的機緣。

最近，我開始覺得，日本昭和期的一連串行動，還是根據一個理念，一個意識形態。而近衞的思考方式是它的中心，岸信介的感覺是其上色的一種。但對日本來說，我敢斷這絕不是近衞所相信之「必然的命運」。

其爲不是「必然的命運」的證據是，我在「代序」所指出中日戰爭前佐藤尚武外相（一九三七年三月－七月）的外交。佐藤外交的基本理念在於確立和平。他於五月二日演講說，避免「不管勝敗都將導致許多悲慘命運」的戰爭是外交政策的出發點。在這個基本理念之下，雖然僅僅三個月，他以轉變中國政策爲起點，而努力於調整與英（美）和蘇俄的國交。佐藤外交意圖由分離中國的政策轉變到支持中國統一的政策。而且，重要的是，自一九三七年初以來，軍部特別是在陸軍內部，對於九一八事變以後的中國政策開始有很大的反省，佐藤的中國政策就是以這種暗中的形勢作爲後盾來展開的，而不是憑空泡製的。英國艾登外相也一再勸告國民政府回應佐藤外相下日本的新動向，是即在國內上和在國際上都有推進佐藤外交的可能性。中日之間有「滿洲國」問題這個最大的難關，所以要恢復正常的邦交當然很不容易。但我敢說，在佐藤外交之下，不可能有近衞內閣（廣田外相）般草率地對中國全面戰爭這種選擇。

佐藤外交的另外一面是，對於日本年年大增的人口，他提出「充實資力」與「獲得和開發海外原料資源，以及要求海外商品市場的開放」的政策。佐藤說，承認這個要求才是「和平的建設，絕滅戰爭之道」。他準備令日本代表在六月間將召開於日內瓦的國際聯盟資源調查委員會作這樣主張的。與此同時，重視通商的自由和在貿易上公正來往的佐藤，也非常留意提高日本勞工的生活水準。

我在本文中提到，爲着日本的商品、資本及和平的移民，矢內原忠雄極力主張開放南洋的資源。對於資源，「利用者的軍事侵略不但對和平有害，不利用者的獨佔對和平也是有害的。」（「論南洋政策」，一九三六年六月號「改造」）這種矢內原的論點，跟佐藤的觀點是相通的。矢內原在該年二月號「中央公論」所發表的文章「支那問題的所在」說，中國問題的中心點是，認識中國正向作爲民族國家的統一建設大道邁進，唯有沿着這種認識的中國政策才是科學上正確，最後才能獲得成功的實際政策。

一九三七年，日本實站在「選擇」的十字路口。

在此，我要特別感謝栗原健先生、細谷千博、今井清一、藤井昇三諸氏等在素日交誼中給我指教。

此書之問世，筑摩書房編輯部的風間元治氏幫我很多，與感謝之同時，覺得逡巡和忸怩。

國家圖書館出版品預行編目資料

近代中日關係研究. 第三輯：近代日本外交與中國 / 臼井勝美著 / 陳鵬仁譯. -- 初版. --
臺北市: 蘭臺出版社, 2024.11
冊；公分 --(近代中日關係研究第三輯：2)
ISBN 978-626-98677-0-7(全套：精裝)
1.CST: 中日關係 2.CST: 外交史
643.1　　113006866

近代中日關係研究第三輯2

# 近代日本外交與中國

作　　者：臼井勝美
編　　譯：陳鵬仁
主　　編：張加君
編　　輯：沈彥伶
美　　編：陳勁宏
校　　對：沈彥伶、楊容容、古佳雯
封面設計：陳勁宏
出　　版：蘭臺出版社
地　　址：臺北市中正區重慶南路1段121號8樓之14
電　　話：(02) 2331-1675 或 (02) 2331-1691
傳　　真：(02) 2382-6225
E - MAIL ：books5w@gmail.com或books5w@yahoo.com.tw
網路書店：http://5w.com.tw/
https://www.pcstore.com.tw/yesbooks/
https://shopee.tw/books5w
博客來網路書店、博客思網路書店
三民書局、金石堂書店
經　　銷：聯合發行股份有限公司
電　　話：(02) 2917-8022　　傳真：(02) 2915-7212
劃撥戶名：蘭臺出版社　　帳號：18995335
香港代理：香港聯合零售有限公司
電　　話：(852) 2150-2100　　傳真：(852) 2356-0735
出版日期：2024年11月 初版
定　　價：新臺幣12000元整（精裝，套書不零售）
ISBN：978-626-98677-0-7